NOS VEMOS HOY 1

Curso de español

A1

difusión

Cuaderno de ejercicios

MP3

NOS VEMOS HOY 1

Autoras
Margarita Görrissen, Pilar Pérez Cañizares, Juana Sánchez Benito

Coordinación editorial y redacción
Clara Serfaty

Diseño gráfico
Laurianne Lopez

Diseño de cubierta
Laurianne Lopez

Ilustración
Miguel Manich (studiomanich.com)

Maquetación
Aleix Tormo

Corrección
Pablo Sánchez

Documentación
Emma González Mesas

Nos vemos hoy está basado en el manual *Con gusto nuevo*.

ISBN: 978-84-18625-18-3

Reimpresión: junio 2025

Impreso en la UE

Bienvenidos a NOS VEMOS HOY 1

NOS VEMOS HOY es un manual para descubrir el mundo de habla hispana y aprender a comunicarse en situaciones de la vida cotidiana. Al final de este nivel el / la estudiante habrá alcanzado el nivel A1 del Marco Común Europeo de Referencia para las Lenguas.

Para vivir una experiencia aún más interactiva, todos los recursos digitales de **NOS VEMOS HOY** se encuentran disponibles en:

Recursos para estudiantes y docentes
campusdifusión

campusdifusión

- ✓ Libro digital interactivo en dos formatos (flipbook y HTML)
- ✓ Audios y vídeos
- ✓ Transcripciones de los audios
- ✓ Textos mapeados
- ✓ Textos locutados
- ✓ Itinerarios digitales
- ✓ Itinerarios básicos
- ✓ Evaluaciones
- ✓ Exámenes autocorregibles por unidad
- ✓ Edición anotada para docentes
- ✓ Glosarios en inglés, francés y chino
- ✓ Soluciones

ÍNDICE

KollaBo

Cada unidad del Cuaderno de ejercicios de NOS VEMOS HOY se estructura de la siguiente manera:

Una página de **portadilla** recuerda los objetivos de la unidad e incluye las primeras actividades.

Cada unidad contiene **ocho páginas de actividades** para consolidar **el vocabulario y la gramática** aprendidos en las unidades de la **Edición para estudiantes**.

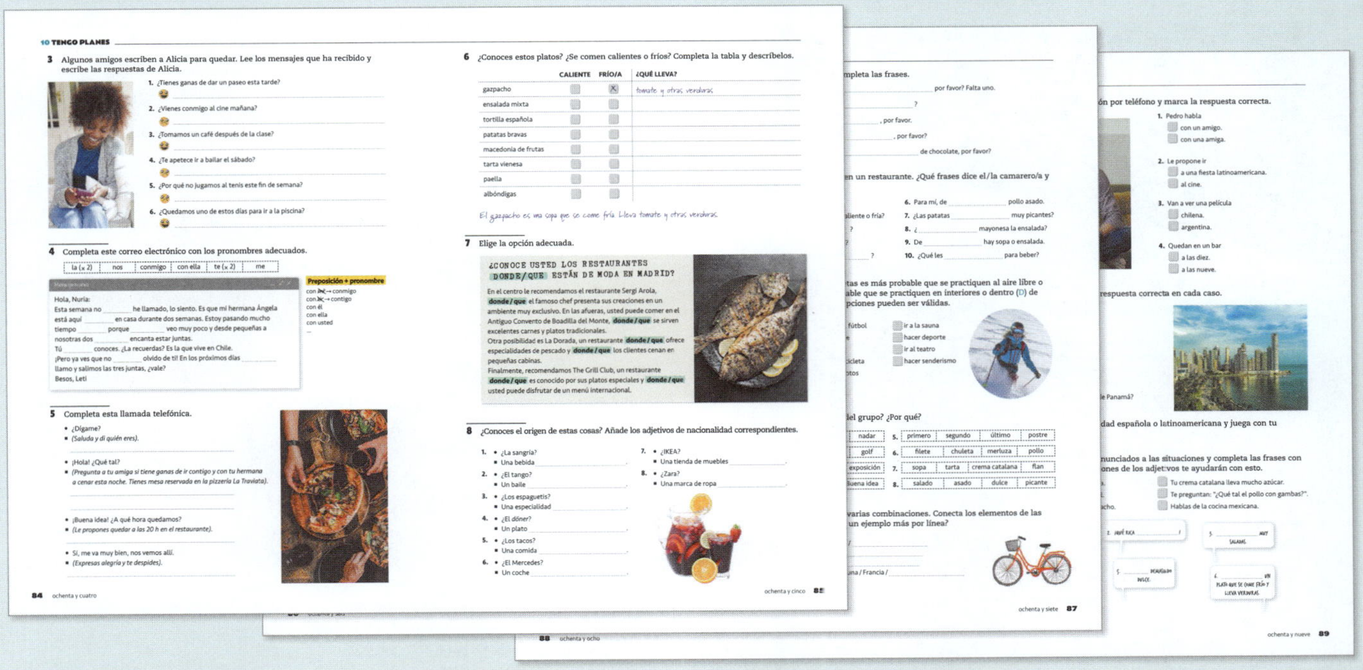

Las ayudas laterales de **gramática** y las de **léxico y comunicación** ofrecen a los / las estudiantes un cómodo apoyo lingüístico para desarrollar las actividades y las propuestas prácticas de manera eficaz.

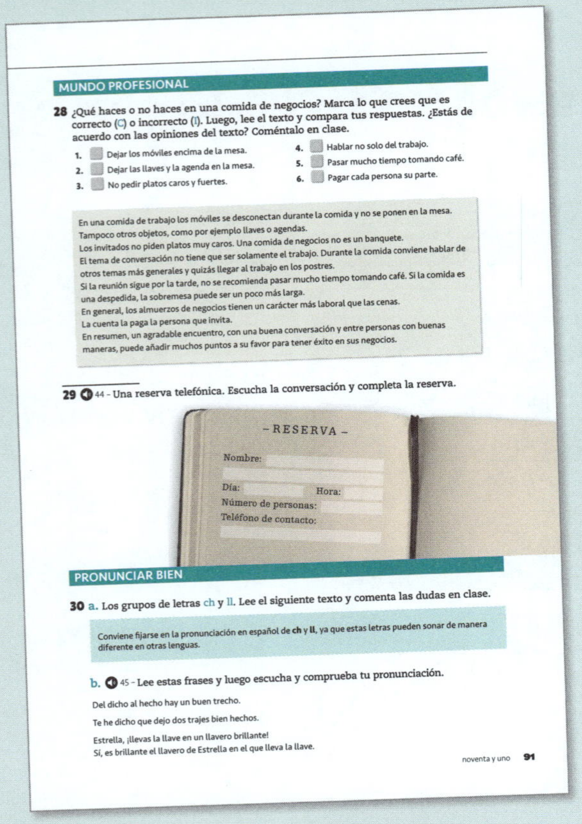

MUNDO PROFESIONAL

28 ¿Qué haces o no haces en una comida de negocios? Marca lo que crees que es correcto (C) o incorrecto (I). Luego, lee el texto y compara tus respuestas. ¿Estás de acuerdo con las opiniones del texto? Coméntalo en clase.

1. Dejar los móviles encima de la mesa.
2. Dejar las llaves y la agenda en la mesa.
3. No pedir platos caros y fuertes.
4. Hablar no solo del trabajo.
5. Pasar mucho tiempo tomando café.
6. Pagar cada persona su parte.

En una comida de trabajo los móviles se desconectan durante la comida y no se ponen en la mesa. Tampoco otros objetos, como por ejemplo llaves o agendas.
Los invitados no piden platos muy caros. Una comida de negocios no es un banquete.
El tema de conversación no tiene que ser solamente el trabajo. Durante la comida conviene hablar de otros temas más generales y quizás llegar al trabajo en los postres.
Si la reunión sigue por la tarde, no se recomienda pasar mucho tiempo tomando café. Si la comida es una despedida, la sobremesa puede ser un poco más larga.
En general, los almuerzos de negocios tienen un carácter más laboral que las cenas.
La cuenta la paga la persona que invita.
En resumen, un agradable encuentro, con una buena conversación y entre personas con buenas maneras, puede añadir muchos puntos a su favor para tener éxito en sus negocios.

29 44 - Una reserva telefónica. Escucha la conversación y completa la reserva.

PRONUNCIAR BIEN

30 a. Los grupos de letras ch y ll. Lee el siguiente texto y comenta las dudas en clase.

Conviene fijarse en la pronunciación en español de **ch** y **ll**, ya que estas letras pueden sonar de manera diferente en otras lenguas.

b. 45 - Lee estas frases y luego escucha y comprueba tu pronunciación.

Del dicho al hecho hay un buen trecho.

Te he dicho que dejo dos trajes bien hechos.

Estrella, ¡llevas la llave en un llavero brillante!
Sí, es brillante el llavero de Estrella en el que lleva la llave.

noventa y uno 91

Una sección orientada al **español de los negocios** llamada **MUNDO PROFESIONAL.**

Una **sección dedicada a la fonética** (**PRONUNCIAR BIEN**) en la que se dan consejos relacionados con ciertas características de la pronunciación del español. El / La estudiante reflexiona y practica.

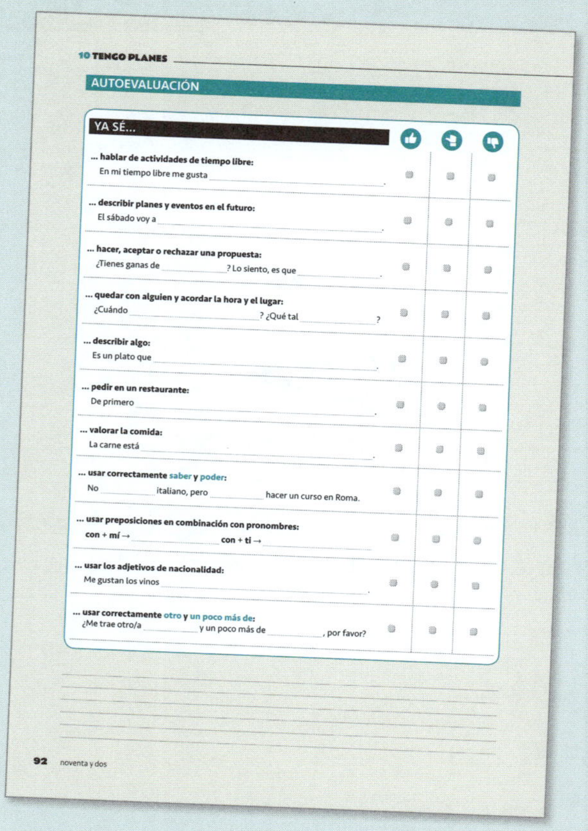

10 TENGO PLANES

AUTOEVALUACIÓN

YA SÉ...

... **hablar de actividades de tiempo libre:**
En mi tiempo libre me gusta ______.

... **describir planes y eventos en el futuro:**
El sábado voy a ______.

... **hacer, aceptar o rechazar una propuesta:**
¿Tienes ganas de ______? Lo siento, es que ______.

... **quedar con alguien y acordar la hora y el lugar:**
¿Cuándo ______? ¿Qué tal ______?

... **describir algo:**
Es un plato que ______.

... **pedir en un restaurante:**
De primero ______.

... **valorar la comida:**
La carne está ______.

... **usar correctamente saber y poder:**
No ______ italiano, pero ______ hacer un curso en Roma.

... **usar preposiciones en combinación con pronombres:**
con + mí → ______ **con + ti →** ______

... **usar los adjetivos de nacionalidad:**
Me gustan los vinos ______.

... **usar correctamente otro y un poco más de:**
¿Me trae otro/a ______ y un poco más de ______, por favor?

92 noventa y dos

Cada unidad se cierra con el apartado **AUTOEVALUACIÓN**, un espacio que invita a los / las estudiantes a reflexionar sobre su progreso.

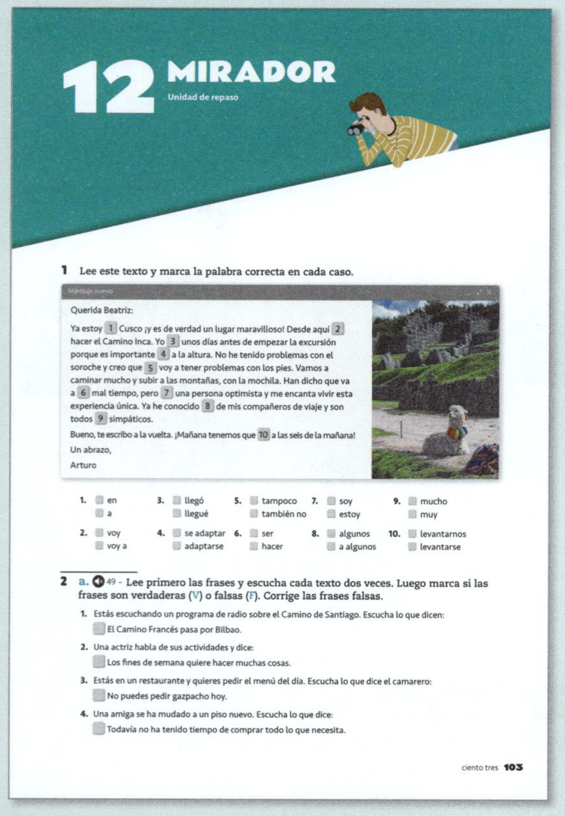

12 MIRADOR

Unidad de repaso

1 Lee este texto y marca la palabra correcta en cada caso.

Querida Beatriz:

Ya estoy [1] Cusco ¡y es de verdad un lugar maravilloso! Desde aquí [2] hacer el Camino Inca. Yo [3] unos días antes de empezar la excursión porque es importante [4] a la altura. No he tenido problemas con el soroche y creo que [5] voy a tener problemas con los pies. Vamos a caminar mucho y subir a las montañas, con la mochila. Han dicho que va a [6] mal tiempo, pero [7] una persona optimista y me encanta vivir esta experiencia única. Ya he conocido [8] de mis compañeros de viaje y son todos [9] simpáticos.

Bueno, te escribo a la vuelta. ¡Mañana tenemos que [10] a las seis de la mañana!

Un abrazo,

Arturo

1. en / a
2. voy / voy a
3. llegó / llegué
4. se adaptar / adaptarse
5. tampoco / también no
6. ser / hacer
7. soy / estoy
8. algunos / a algunos
9. mucho / muy
10. levantarnos / levantarse

2 a. 49 - Lee primero las frases y escucha cada texto dos veces. Luego marca si las frases son verdaderas (V) o falsas (F). Corrige las frases falsas.

1. Estás escuchando un programa de radio sobre el Camino de Santiago. Escucha lo que dicen:
   El Camino Francés pasa por Bilbao.
2. Una actriz habla de sus actividades y dice:
   Los fines de semana quiere hacer muchas cosas.
3. Estás en un restaurante y quieres pedir el menú del día. Escucha lo que dice el camarero:
   No puedes pedir gazpacho hoy.
4. Una amiga se ha mudado a un piso nuevo. Escucha lo que dice:
   Todavía no ha tenido tiempo de comprar todo lo que necesita.

ciento tres 103

Al igual que en la **Edición para estudiantes**, cada **MIRADOR** (unidades 4, 8 y 12) sirve para hacer balance y **comprobar los conocimientos adquiridos mediante actividades de léxico y gramática**.

1 VIAJE AL ESPAÑOL

Comunicación
- Saludar y despedirse
- Preguntar por el nombre
- Presentarse y reaccionar
- Preguntar por el significado
- Los números hasta 10
- Hablar de los motivos para estudiar español
- **MUNDO PROFESIONAL**
  Palabras que se parecen en distintas lenguas

Léxico
- Nombres y apellidos
- Saludos y despedidas
- Las letras
- Países
- Motivos para estudiar español

Gramática
- La pronunciación
- El artículo determinado
- El género y el número en los nombres
- Los pronombres personales
- El tratamiento (**tú** / **usted**)
- Los verbos regulares terminados en **-ar**
- **PRONUNCIAR BIEN**
  La acentuación

Cultura
- **PANAMERICANA**
  De norte a sur

1 ¿Cómo se saluda a estas horas?

22:00 .... 17:00 ....

8:00 .... 12:00 ....

2 **a.** Escribe dos diálogos con la información de estas etiquetas.

Hola, ¿cómo te llamas?	Buenos días. ¿Cómo se llama usted?	Marta, ¿y tú?
Yo soy Ricardo.	Carmen Luna Jiménez.	Soy Santiago Márquez, ¿y usted?

1. • ....
   ■ .... ☐ tú
   • .... ☐ usted

2. • ....
   ■ .... ☐ tú
   • .... ☐ usted

b. 1 - Ahora comprueba con la grabación.

c. ¿En qué diálogo se habla de tú y en cuál de usted?

3 **a.** 2 - Escucha y completa los resultados de estos partidos.

RESULTADOS

Argentina – Brasil	1 – 3
Ecuador – Perú	–
Bolivia – México	–
Uruguay – Colombia	–
Chile – Venezuela	–

Clasificación:

Colombia	puntos
Brasil	puntos
México	puntos
Argentina	puntos
Uruguay	puntos
Ecuador	puntos
Bolivia	puntos
Chile	puntos
Perú	puntos
Venezuela	puntos

b. 3 - Escucha y anota la clasificación de los equipos.

4 Escribe los resultados en letras.

tres + seis - dos = ...

ocho : dos + cuatro = ...

ocho - siete + cinco = ...

nueve - cinco + seis = ...

siete + uno - cinco = ...

seis : tres - dos = ...

nueve : tres + dos = ...

siete - seis × uno = ...

5 4 - Recuerda la pronunciación de estas letras y lee las palabras en voz alta. Luego, escucha y comprueba.

B / V	**B**arcelona - **B**oli**v**ia - **V**enezuela	**G / J**	**G**ibraltar - Ar**g**entina - **J**erez
C / K / QU	**C**uba - **k**ilo - **Qu**ito	**H**	**H**onduras - **h**otel - **h**ola
C / Z	Bar**c**elona - Gali**c**ia - **Z**aragoza	**LL / Y**	Ma**ll**orca - Sevi**ll**a - pla**y**a
CH	**Ch**ile - **ch**ocolate - no**ch**e	**Ñ**	Espa**ñ**a - ni**ñ**os - Catalu**ñ**a
G	**G**alápa**g**os - **G**ranada - **G**uatemala	**R / RR**	**r**estaurante - Ando**rr**a - guita**rr**a
GUE / GUI	**Gue**rnica - **Gui**nea - **gui**tarra		

6 **a.** 5 - Es el primer día de clase en una escuela de idiomas en España. Escucha y escribe en qué grupo está cada estudiante.

Nombre y apellidos	Grupo
Ana Martínez Marcos	
Carlos Jiménez Torres	
Celia Pérez Ramos	1
Gabriel Castillo Sierra	
Juan García Zapatero	
Lucía Gil Sánchez	
Lucía Quesada Ramírez	
Luis Rodríguez Cercas	
Pilar González Ortega	

Apellidos

En español muchos apellidos terminan en -**ez**. Esta terminación significa **hijo de**. González quiere decir hijo de Gonzalo y Fernández, hijo de Fernando.

b. 6 - Lee estos cuatro nombres en voz alta y busca en la lista de **6a** tres nombres o apellidos con la misma pronunciación a principio de palabra. Luego escucha y comprueba.

CARMEN	CECILIA	GUSTAVO	JOSÉ

7 Relaciona los verbos con los pronombres correspondientes.

estudias	hablan	trabajo	viajáis	escuchamos	compra
pasan	visitamos	hablas	viajo	estudiáis	escucha

YO	TÚ	ÉL, ELLA, USTED	NOSOTROS/AS	VOSOTROS/AS	ELLOS, ELLAS, USTEDES

8 Relaciona los elementos de las tres columnas para formar frases.

Antonio y María	☐ ☐	**1.** estudiáis	**a.** música clásica.
Marc	☐ ☐	**2.** pasa las vacaciones	**b.** en la universidad.
Nosotras	☐ ☐	**3.** viajamos	**c.** español.
Tú	☐ ☐	**4.** visitan	**d.** en la playa.
Yo	☐ ☐	**5.** trabajo	**e.** a Latinoamérica.
Ustedes	☐ ☐	**6.** escuchas	**f.** en un hotel.
Vosotros	☐ ☐	**7.** hablan	**g.** Buenos Aires.

9 Marca si estas personas se hablan de manera formal o informal. ¿Qué elementos lo indican? Subráyalos.

	TÚ	VOSOTROS/AS	USTED	USTEDES
1. Buenos días, señora Ribas.	☐	☐	☐	☐
2. ¿Trabajáis en el hotel Miramar?	☐	☐	☐	☐
3. ¿Para qué estudian español?	☐	☐	☐	☐
4. Buenos días. ¿Cómo se llama?	☐	☐	☐	☐
5. Hola, yo soy Gabriela. ¿Cómo te llamas?	☐	☐	☐	☐
6. ¿Estudias o trabajas?	☐	☐	☐	☐
7. Buenas tardes, ¿hablan español?	☐	☐	☐	☐
8. ¿Es usted el señor Romero?	☐	☐	☐	☐

10 ¿Qué palabra no forma parte del grupo? ¿Puedes añadir una palabra más a cada grupo?

1.	naranja	tomate	chocolate	playa	
2.	arroz	inglés	español	italiano	
3.	museo	teatro	biblioteca	vacaciones	
4.	música	historia	concierto	guitarra	
5.	hotel	fábrica	vacaciones	playa	
6.	amigo	pareja	colega	guitarra	
7.	fiesta	sangría	fútbol	vino	
8.	palabra	jirafa	colibrí	jaguar	

11 Lee las frases y marca la opción correcta.

1. ¿Cómo **te / se** llama usted?
2. Me **llamo / llama** Antonio Pérez Díaz.
3. Hola, **soy / llamo** Isabel.
4. Y **tú / usted**, ¿cómo te llamas?
5. ¿**Habláis / Hablan** ustedes inglés?
6. ¿**Qué / Cómo** significa **trabajo**?
7. Pasamos las vacaciones **a / en** México.
8. Mi pareja y yo **estudian / estudiamos** español.
9. ¿**Qué / Cómo** se pronuncia **Juan**?
10. Estudio español para **visitar / viajar** Perú.

12 ¿Saludos o despedidas? Clasifica estas palabras o expresiones. Añade una más en cada grupo.

buenos días	adiós	hasta pronto	hola
hasta mañana	buenas tardes	hasta luego	buenas noches

SALUDOS	DESPEDIDAS	SALUDOS Y DESPEDIDAS

Saludos y despedidas

Algunas fórmulas de saludo y despedida se pueden combinar entre sí.

- Hola, buenos días.
- Adiós, buenas tardes.

13 **a.** Suma y escribe el resultado en letra.

a.  ....

b.  ....

c.  ....

d. 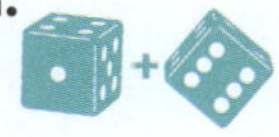 ....

e. 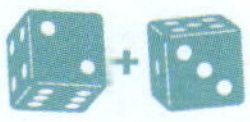 ....

f.  ....

b. Calcula y escribe el resultado.

diez → – seis → .... → + tres → .... → – cinco → .... → + siete → ....

14 **a.** ¿Recuerdas estas palabras? Escribe las vocales y descúbrelas.

1. C H _ C _ L _ T _
2. G _ _ T _ R R _
3. C _ N C _ _ R T _
4. T _ R T _ L L _
5. _ N _ V _ R S _ D _ D
6. C _ F _
7. H _ T _ L
8. T _ _ T R _
9. P L _ _ _
10. T _ M _ T _
11. M _ S _ _
12. F _ N C _

b. Clasifica las palabras de a en estas categorías. ¿Puedes añadir más?

GASTRONOMÍA	MÚSICA	VACACIONES	CULTURA

15 Clasifica las palabras de las etiquetas entre nombres y apellidos. Luego, subraya con un color los nombres femeninos y, con otro color, los nombres masculinos.

Ana	Pérez	Luis	López	José María	Martínez
Díaz	Ruiz	Javier	Daniel	Cristina	Susana
María Jesús	Álvarez	Manuel	Lola	Paco	Andrea

Nombre: Ana, ...

Apellido: Pérez, ...

Abreviaturas

Muchos nombres en español se conocen por su forma abreviada.

- Lola = Dolores
- Paco = Francisco

16 Fíjate en el sonido inicial de estos nombres. Una palabra de cada grupo se pronuncia diferente. ¿Cuál es? Táchala y añade una palabra más a cada grupo.

1.	Cristina	Carlos	~~Celia~~	Carmen	Carolina	Corina
2.	Guillermo	Julia	Juan	Gerardo	José	
3.	Guadalupe	Gonzalo	Gustavo	Gilberto	Gabriela	
4.	Zacarías	Claudio	Cecilia	Celia	Cintia	

17 ¿Sabes dónde están estos países? Marca en el mapa los que sabes localizar y luego comprueba tus respuestas con el mapa de la página 22 de la Edición para estudiantes.

1. Argentina
2. Bolivia
3. Brasil
4. Chile
5. Colombia
6. Costa Rica
7. Cuba
8. Ecuador
9. El Salvador
10. Guatemala
11. Honduras
12. México
13. Nicaragua
14. Paraguay
15. Uruguay
16. Venezuela

18 Escribe el artículo de cada palabra y añade su forma en plural, como en el ejemplo.

1. el hotel → los hoteles
2. .... información → ....
3. .... museo → ....
4. .... país → ....
5. .... nombre → ....
6. .... familia → ....
7. .... tomate → ....
8. .... biblioteca → ....
9. .... noche → ....
10. .... problema → ....
11. .... viaje → ....
12. .... día → ....
13. .... hospital → ....
14. .... organización → ....
15. .... palabra → ....
16. .... universidad → ....
17. .... limón → ....

El género en los nombres

Las palabras de origen griego que terminan en **-ma** son masculinas, como **el tema** o **el problema**.
Las palabras que terminan en consonante y llevan acento en la última sílaba lo pierden en plural, por ejemplo, **la información**, **las informaciones**.

19 Completa las preguntas si es necesario. Luego, conecta las preguntas con las respuestas correspondientes.

1. ¿ ______ te llamas?
2. ¿ ______ hablas italiano?
3. ¿ ______ significa ***vale*** en español?
4. ¿ ______ trabajas en la escuela Difusión?
5. ¿ ______ se pronuncia la zeta?
6. ¿ ______ estudias español?

- ☐ **a.** Como *thing* en inglés.
- ☐ **b.** Sí, soy profesora de español.
- ☐ **c.** Para pasar las vacaciones en Perú.
- ☐ **d.** *Okey.*
- ☐ **e.** No, solo inglés y un poco de alemán.
- ☐ **f.** Soy Marcos Robles.

20 Verbos en -ar. Clasifica en la tabla los verbos de las etiquetas. Luego, completa las formas que faltan.

estudiamos	pasáis	trabajo	hablan	estudian	pasas	hablamos	trabaja

	ESTUDIAR	**PASAR**	**TRABAJAR**	**HABLAR**
yo				
tú				
él, ella, usted				
nosotros/as				
vosotros/as				
ellos, ellas, ustedes				

21 Completa los diálogos con los pronombres personales de las etiquetas.

tú	vosotras	yo (× 2)	ella	ustedes
ellos (× 2)	Nosotros	él	vosotros	

1.
- ● Buenos días, ¿cómo se llaman ______________ ?
- ■ ______________ soy Sofía López y ______________ son Marta González y Ricardo Martín.
- ● Bienvenidos.

2.
- ● Carmen y Luisa, ______________ estudiáis inglés, ¿no?
- ■ ______________ estudio inglés para viajar a Latinoamérica, pero Luisa no estudia inglés, ______________ estudia alemán.

3.
- ● Hola, ______________ eres Elena, la amiga de Juan, ¿no?
- ■ Sí, y ______________ es Tomás, un compañero de la universidad.

4.
- ● ______________ pasamos las vacaciones en Mallorca. ¿Y ______________ ? ¿Viajáis también a España?

5.
- ● Trabajo con dos colegas peruanos y hablo español con ______________ .

22 Errores típicos. Reemplaza las palabras en negrita con las correctas de la columna de la derecha.

1. Me **llama** Paco y estudio en Barcelona. ☐
2. ¿**Cómo** significa "arroz"? ☐
3. ¿Para qué **estudias** usted español? ☐
4. ¿Cómo **se** llamas? ☐
5. Trabajo **a** un hotel en Tenerife. ☐
6. Estudio español para **viajo** a Madrid. ☐
7. Laura y yo **estudian** inglés. ☐

a. te
b. estudia
c. llamo
d. viajar
e. estudiamos
f. Qué
g. en

23 a. La Panamericana. Relaciona las imágenes con las palabras de las etiquetas. Si lo necesitas, puedes usar el diccionario.

ruinas	tacos	selva tropical	café
volcán	arquitectura colonial	desierto	glaciar

1 ....

2 ....

3 ....

4 ....

5 ....

6 ....

7 ....

8 ....

b. 7 - ¿Con qué países se pueden asociar las fotos de a? Escucha la descripción de la ruta y relaciona.

☐ México ☐ Costa Rica ☐ Argentina ☐ Nicaragua
☐ Guatemala ☐ Chile ☐ El Salvador ☐ Ecuador

MUNDO PROFESIONAL

24 Muchas palabras se parecen en distintas lenguas. Marca en esta nube de palabras las que entiendes y pregunta a tus compañeros/as las que no conoces.

cliente turismo banco
industria consumo administración
capital telemarketing
economía catálogo exportación
informática
publicidad producción tecnología
congreso transporte

PRONUNCIAR BIEN

25 a. La acentuación. Lee el siguiente texto y comenta las dudas en clase.

Has visto algunas palabras con tilde y, seguramente, te has dado cuenta de que indica la sílaba tónica. ¿Pero qué pasa con las palabras sin tilde? Para esto hay tres reglas básicas. Conociéndolas podrás pronunciar correctamente todas las palabras españolas.

- Las palabras que terminan en vocal, -**n** o -**s** llevan la sílaba tónica normalmente en la penúltima sílaba. La mayoría de las palabras españolas pertenecen a este grupo: **Cuba**, **personas**, **hablan**.
- Las palabras que terminan en consonante (menos -**n** y -**s**) llevan la sílaba tónica normalmente en la última sílaba: **hablar**, **español**, **Madrid**.
- Todas las palabras que no sigan las dos reglas anteriores llevan tilde en la vocal tónica: **Perú**, **Félix**, **Málaga**.

b. 8 - Escucha y marca la sílaba tónica.

A pe lli do	Cho co la te	U ni ver si dad	Tra ba jan
Mú si ca	Ho tel	Ciu dad	Ho la
Via jar	Gra má ti ca	Nú me ro	Va ca cio nes
In glés	Pro ble ma	Pla ya	

26 9 - ¿Qué acentos faltan? Escucha las siguientes palabras y subraya la sílaba tónica. Pon, según las reglas de acentuación, las tildes que faltan.

1. Chile
2. Islas Galapagos
3. Panama
4. España
5. Ecuador
6. Tenerife
7. America
8. Africa
9. Caribe
10. El Salvador
11. Republica Dominicana
12. Bogota

AUTOEVALUACIÓN

YA SÉ...	👍	✋	👎
... presentarme: Me llamo	▢	▢	▢
... preguntar a alguien por su nombre: ¿Cómo .... ?	▢	▢	▢
... saludar a alguien a estas horas del día: 8:00 .... 15:00 .... 21:00	▢	▢	▢
... despedirme:	▢	▢	▢
... decir para qué estudio español: Estudio español para	▢	▢	▢
... preguntar por el significado de una palabra: ¿Qué .... ?	▢	▢	▢
... entender los números de 0 a 10 y escribirlos en palabras: cero, ...	▢	▢	▢
... **pronunciar correctamente palabras en español:** Argentina, Valencia, Quito, Jerez, Uruguay	▢	▢	▢
... conjugar los verbos regulares en -ar: yo hablo, tú	▢	▢	▢
... indicar el género de las palabras y formar el plural: el teatro, los .... hotel, ...	▢	▢	▢

2 PRIMEROS CONTACTOS

Comunicación
- Deletrear
- Presentarse, preguntar por el estado y reaccionar
- Saludar y despedirse
- Hablar del lugar de origen
- Preguntar por los datos personales y responder
- Preguntar por la profesión, el lugar de trabajo y responder
- Negar una afirmación
- **MUNDO PROFESIONAL** La tarjeta de contactos

Léxico
- El alfabeto
- Saludos y despedidas
- Las profesiones
- Lugares de trabajo
- Caracteres especiales (**arroba**, **guion**...)

Gramática
- El artículo indeterminado
- El género en las profesiones
- La negación
- Los verbos regulares terminados en **-er**, **-ir**
- Los verbos **tener** y **ser** en presente
- **PRONUNCIAR BIEN** La **r**

Cultura
- **PANAMERICANA** México

1 **Escribe frases con los elementos de estas cuatro columnas.**

Nosotras	escuchar	de	los amigos.
Ellas	viajar	con	España.
Vosotros	hablar	a	español.
Ustedes	estudiar	en	la familia.
Él	trabajar	--	un hotel.
Usted	ser		música.
Yo			Barcelona.
Tú			

Nosotras hablamos en español.

2 Completa con los pronombres de las etiquetas.

yo (x 4)	tú	él	usted (x 2)	vosotros

1. • Señora Ribas, ¿es ______ la organizadora?
   ▪ Sí, soy ______ .
2. • ¿ ______ sois de aquí?
   ▪ Eduardo sí, pero María y ______ somos de Toledo.
3. • Perdón, ¿habla ______ inglés?
   ▪ ______ no, pero mi amiga sí.
4. • ______ eres Ricardo, ¿no?
   ▪ No, ______ me llamo Gabriel, Ricardo es ______ .

3 10 - Escucha y marca la tarjeta de visita correcta.

4 a. 11 - Lee primero las frases. Luego, escucha las preguntas y anota a cuáles de las siguientes se refieren.

- ☐ **1.** Sí, con acento en la u.
- ☐ **2.** Con minúscula.
- ☐ **3.** Sí, pero con zeta.
- ☐ **4.** No, con uve.
- ☐ **5.** Con te y zeta.
- ☐ **6.** Con u con diéresis y con doble ele.

b. 12 - Escucha y comprueba.

5 Utiliza estas palabras clave para escribir lo que la gente hace para ganarse la vida.

1. Antonio – estudiar – Medicina – Universidad – Salamanca

   ______

2. Mari Luz y yo – trabajar – hotel – recepcionista - Costa Rica

   ______

3. Mónica y David – Hospital Central – ser – Sevilla – enfermero/a

   ______

4. Sara – ser – empresa informática – director/a general – Santiago de Chile

   ______

6 Busca nombres de profesiones. ¿Qué personas trabajan los fines de semana?

policíaprofesorcocineracamarerobomberoenfermeraamadecasamúsicomecánicoempleadadebanco

7 Formula las preguntas para las siguientes respuestas con tú y con usted.

TÚ	USTED	RESPUESTAS
		1. Luz María Flores.
		2. Soy profesora.
		3. Soy de Alicante.
		4. Es el 32 58 00 11.
		5. Sí, es luzma@yahoo.com.
		6. No, hablo inglés.
		7. Para viajar a Dublín.

8 13 - Escucha el diálogo y corrige los datos en el formulario.

Nombre	Orlando Carlos
Apellido	Gómez García
Ciudad	Santiago de Chile
Móvil	620 711 833
Correo electrónico	orlando.manuel@terra.com
Curso de idioma	Francés

9 Completa las preguntas y, luego, relaciónalas con las respuestas.

1. Hola, Martín, ¿ .... estás?
2. ¿ .... son tus amigos?
3. ¿ .... trabaja Roberto?
4. ¿ .... viajas a Guadalajara?
5. Claudia, ¿ .... estudias inglés?
6. ¿ .... es el número de teléfono de Pablo?

a. En una escuela de idiomas.
b. Es enfermero.
c. De Venezuela.
d. Muy bien, gracias. ¿Y tú?
e. ¿Del móvil o del teléfono fijo?
f. Para visitar a mis amigos mexicanos.

10 a. Completa la tabla con estas formas verbales. Luego, marca las terminaciones para cada persona. ¿Qué terminaciones son iguales en todos los grupos? ¿Qué diferencias hay?

busco	compráis	reserva	escribimos	aprendo	escribe
visitas	venden	vives	viajamos	viven	aprende
vendes	organizan	escribo	aprendemos	vivís	vendéis

	-AR	-ER	-IR
yo			
tú			
él, ella, usted			
nosotros/as			
vosotros/as			
ellos, ellas, ustedes			

b. 14 - Escucha los verbos del ejercicio anterior y subraya la sílaba acentuada. ¿En qué formas se acentúa la terminación?

11 a. Completa con la forma correcta de los verbos.

- ● Tú .... (SER) comercial, ¿verdad, Sandra? ¿De dónde .... (SER)?
- ■ Soy de Cali, pero .... (VIVIR) en Bogotá.
- ● ¿Y dónde .... (TRABAJAR)?
- ■ .... (TRABAJAR) en una empresa que .... (VENDER) ordenadores.
- ● ¡Ah! .... (TENER) un trabajo interesante, ¿verdad?
- ■ ¡Sí! Mi trabajo .... (SER) muy interesante.
- ● ¿Y .... (VIAJAR) mucho?
- ■ Sí, y también .... (ORGANIZAR) seminarios en diferentes ciudades.
- ● ¡Ah! ¿Y .... (TENER) compañeros de trabajo simpáticos?
- ■ Sí, ... (SER) muy simpáticos. Y mi jefa también.
- ● Un trabajo interesante, compañeros y jefes simpáticos... ¿Cómo se llama la empresa?

b. Resume lo que sabes de Sandra en un texto corto.

Sandra es de Cali, pero...

12 Forma frases negativas con no, como en el ejemplo. Usa el verbo adecuado.

1. Seat – supermercado – fábrica de coches
2. María José – masculino – femenino
3. Antonio – en una fábrica – en un taller
4. Peter – de Colombia – de Colonia
5. Enrique – profesor – enfermero
6. Fernando – francés – español
7. Teresa – en Madrid – en Barcelona
8. Mi compañera – Isabel – Maribel

1. Seat no es un supermercado, es una fábrica de coches.
2. ....
3. ....
4. ....
5. ....
6. ....
7. ....
8. ....

13 15 - Escucha y marca la frase que escuchas. Fíjate en la entonación y en las pausas.

1. ▢ No, soy economista.
   ▢ No soy economista.
2. ▢ No, es médico.
   ▢ No, no es médico.
3. ▢ No, estudiamos español.
   ▢ No, no estudiamos español.
4. ▢ No, no. Trabajo aquí.
   ▢ No, no trabajo aquí.

14 Lee y marca la opción correcta.

Verónica es **– / una** secretaria y trabaja en **la / una** empresa en Sevilla. Es **la / una** empresa que vende **– / los** instrumentos musicales. Trabaja en **la / una** oficina moderna con **la / una** compañera que es **– / una** secretaria también. **Las / –** chicas viajan mañana a **– / un** congreso para aprender **– / las** cosas nuevas. **Una / La** jefa de las chicas es **– / una** economista. Es **la / una** jefa exigente, pero excelente.

El uso de los artículos

Generalmente no se usa el artículo con la profesión.
- Marc es músico.

El artículo **un/a** se usa solo si se califica la profesión.
- Marc es **un** músico famoso.

15 Lee y marca la respuesta adecuada.

1. • Hola, tú eres Marta, ¿verdad?
   ▪ ▢ Sí, eres Marta.
   ▪ ▢ No, soy de Burgos.
   ▪ ▢ Sí, y tú eres Daniel, ¿no?
2. • Perdón, ¿es usted Pilar Lorente?
   ▪ ▢ Sí, encantada, ¿y usted?
   ▪ ▢ Sí, es Pilar.
   ▪ ▢ Sí, se llama Pilar Lorente.
3. • ¿Cómo estás?
   ▪ ▢ Encantado.
   ▪ ▢ Bien, gracias, ¿y tú?
   ▪ ▢ De Berlín.
4. • ¿La señora Soler, por favor?
   ▪ ▢ Yo me llamo Marisol.
   ▪ ▢ Tú eres Soler.
   ▪ ▢ Soy yo.
5. • Margarita, ¿de dónde eres?
   ▪ ▢ A Granada.
   ▪ ▢ De Granada, ¿y tú?
   ▪ ▢ En Granada.
6. • Buenas tardes, yo soy Luis Pons.
   ▪ ▢ Mucho gusto, y yo Daniel Salas.
   ▪ ▢ Perfecto, ¿y usted?
   ▪ ▢ Encantada, yo soy Antonio.

16 **a.** Relaciona las profesiones con los lugares de trabajo. Añade dos más en ambas columnas.

1. recepcionista		a. hospital
2. camarero/a		b. hotel
3. enfermero/a		c. banco
4. mecánico/a		d. biblioteca
5. bibliotecario/a		e. restaurante
6. economista		f. taller
7.		g. ....
8.		h. ....

b. Ahora, relaciona las fotos con las profesiones de **a**.

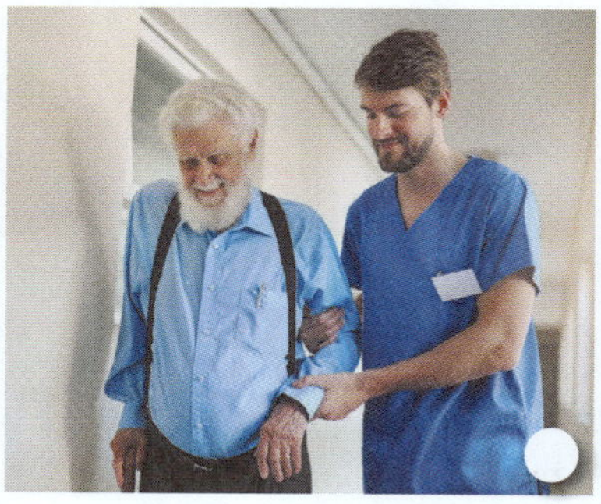

17 Completa la descripción del trabajo de Julio con las formas verbales adecuadas.

aprender | escribir | estudiar | hablar (× 2) | organizar | pasar | ser (× 4) | trabajar | viajar | vivir

Me llamo Julio Robles. .... de Córdoba, pero ahora .... en Madrid. .... informático y .... en un banco. .... textos para la página web y .... cursos de informática para los empleados. También .... por teléfono con clientes y con otros bancos de Europa y Latinoamérica. El trabajo .... interesante porque siempre .... cosas nuevas.
Para el trabajo .... importante hablar inglés. También .... italiano porque .... las vacaciones en Italia con mi familia. Además, ... francés en una escuela de idiomas. Mañana .... a Bilbao con unos colegas para un congreso sobre la digitalización.

18 Marta se ha apuntado a una clase de tango en Buenos Aires. Completa el formulario.

Apellidos	Ciudad	Idiomas	Dirección	Teléfono	País	Correo electrónico

ESCUELA LA PLATA

Nombre: : Marta
.... : López Cortés
.... : Calle Cervantes, 25
.... : Cádiz
.... : España
.... : 956 45 22 90
.... : martalocor@yahoo.es
.... : inglés, alemán

Curso intensivo:

☐ 1 semana (20 horas) ☒ 2 semanas (40 horas)

Actividades opcionales:

☒ visita a Córdoba ☐ excursión a la Patagonia

19 ¿Puedes encontrar los términos genéricos? Las letras en gris indican un lugar de trabajo.

1. López, Ramos, Ribas
2. inglés, español, alemán
3. amigos, colegas, niños
4. guitarra, piano, saxofón
5. Luisa, Carmen, Antonio
6. economista, ingeniero, policía
7. Sevilla, Valencia, Santiago

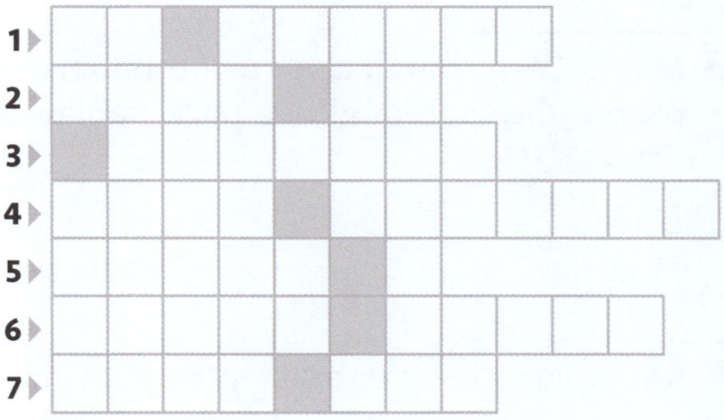

Lugar de trabajo: ....

20 Clasifica estas profesiones en la tabla según su género.

economista	cocinera	pianista	cantante	arquitecta
profesora	peluquero	camarero	bibliotecaria	informático
empleada	representante	dentista	policía	enfermera

MASCULINO	FEMENINO	MASCULINO Y FEMENINO
		economista

21 Completa la tabla con la conjugación de estos verbos.

	BUSCAR	VENDER	ESCRIBIR	SER	TENER
yo					
tú					
él, ella, usted					
nosotros/as					
vosotros/as					
ellos, ellas, ustedes					

22 Lee y completa el texto con el verbo ser o tener en su forma adecuada.

" Buenas tardes y bienvenidos al congreso. Yo .... Marta Cerro y él .... Marc Martí. Nosotros .... los organizadores del congreso sobre la digitalización. Este año .... un programa muy interesante. En los documentos ustedes .... el programa y el número de teléfono de Marc. Él .... la información sobre las actividades del congreso.
Laura Olabarrieta .... la secretaria. Ella .... de Bilbao y .... información sobre la ciudad, hoteles y restaurantes, etc.
Muchas gracias. "

23 Marta Cerro habla con su compañero de trabajo, Daniel, sobre el congreso. ¿Qué pronombre personal usa para hablar de estas personas?

Marta: yo
Daniel: ....
Margarita: ....
Ana y Margarita: ....
Marc y Marta: ....
Antonio y Ricardo: ....
Gabriel y Ana: ....
Ana y Marta: ....
Marc: ....

24 Reemplaza las palabras en negrita con las correctas en la columna de la derecha.

1. Hola, **me llama** Ana Rodríguez. ☐
2. Usted **eres** Estrella Díaz, ¿verdad? ☐
3. Buenos días, **la** señora Castro. ☐
4. Buenas tardes, señor Soler, ¿cómo **estás**? ☐
5. María trabaja en **un** Hospital Central. ☐
6. Laura y tú **son** de Bilbao, ¿verdad? ☐
7. Sofía y yo **tienen** un trabajo interesante. ☐
8. ¿**Dónde** son ustedes, señores? ☐

a. –
b. sois
c. está
d. de dónde
e. tenemos
f. me llamo
g. es
h. el

25 Panamericana: México. Contesta a estas preguntas. Luego, comprueba con el texto de las páginas 36 y 37 de la Edición para estudiantes.

1. ¿Dónde trabaja Víctor? ¿Qué profesión tiene?
2. De qué lengua indígena vienen las palabras **tomate** y **cacao**?
3. ¿Cómo se llaman los grupos de música mexicana tradicional?
4. Nombra un director de cine mexicano de fama internacional.
5. ¿De qué civilización antigua son los monumentos de Chichén Itzá y Uxmal?
6. Da dos ejemplos de la gastronomía mexicana.

MUNDO PROFESIONAL

26 a. Crea tu nueva identidad con elementos de la tabla. Completa la tarjeta de contactos.

Mónica Díaz Roviria	arquitecto/a
Mercedes Herrera Rico	profesor/a de inglés
Javier Ortega Baz	dentista
Carlos Santos García	representante
m-dr@hotmail.es	56 89 20 68
M.HR@net.org	10 66 34 81
info@web.com	15 28 04 24
productos@asf.com	66 44 55 69

+ + + + + + CONTACTOS + + + + + +

Nombre:
Profesión:
Dirección: C/ Santa Ana, 11 (28012)
Ciudad: Madrid
Teléfono:
Correo electrónico:

b. Luego, pregunta a tu compañero/a y completa su tarjeta de contactos.

+ + + + + + CONTACTOS + + + + + +

Nombre:
Profesión:
Dirección:
Ciudad:
Teléfono:
Correo electrónico:

27 16 - Escucha esta llamada telefónica y corrige la información incorrecta en la tarjeta de presentación.

TECNOCHIP
SERVICIOS INFORMÁTICOS
Analía González
Técnica

Avenida Orinoco, 19 » 1010 Caracas
tel. 0212 / 991 85 57 » anago@tecno.com

PRONUNCIAR BIEN

28 a. La pronunciación de la r. Lee el siguiente texto y comenta las dudas en clase.

¿Te resulta difícil pronunciar la **r** española? Puedes practicarlo subiendo la punta de la lengua para que toque el paladar justo detrás de los dientes (como para pronunciar la **l**). Dobla la punta ligeramente, di primero **lilili** y después **rirriri**. Haz vibrar la lengua poco a poco. Con un poco de práctica lo conseguirás.

b. 17 - Escucha estos trabalenguas. ¿Puedes repetirlos correctamente?

Tres tristes tigres comen trigo en un trigal.

Rosa Rosales cortó una rosa.
¡Qué roja la rosa de Rosa Rosales!

Rita Rizo reza ruso,
ruso reza Rita Rizo.

AUTOEVALUACIÓN

YA SÉ...	👍	✋	👎
... presentarme: Soy	▢	▢	▢
... preguntar por el origen y contestar: ¿De dónde .... ?	▢	▢	▢
... preguntar por el estado y contestar: ¿Cómo .... ?	▢	▢	▢
... preguntar por la profesión y el lugar de trabajo y contestar: ¿De qué .... ? Soy	▢	▢	▢
... preguntar por el teléfono y el correo electrónico y contestar: ¿Cuál .... ?	▢	▢	▢
... negar una afirmación:	▢	▢	▢
... deletrear mi nombre:	▢	▢	▢
... conjugar los verbos irregulares ser y tener: yo soy, tú	▢	▢	▢
... conjugar los verbos regulares en -er e -ir: yo aprendo, tú .... , yo vivo, ...	▢	▢	▢

3 ME GUSTA MI GENTE

Comunicación

- Hablar de la familia
- Hablar de una persona: el aspecto físico, el carácter, el estado civil
- Preguntar por los gustos y responder
- Decir la fecha
- Preguntar por el cumpleaños y responder
- **MUNDO PROFESIONAL**
  Los departamentos de una empresa
  Vocabulario del mundo laboral

Léxico

- La familia y las relaciones personales
- Características físicas
- Adjetivos de carácter
- Los gustos personales
- Los números hasta 100
- Los meses del año

Gramática

- Los posesivos
- El género y el número en los adjetivos
- Los interrogativos
- **Gusta**(**n**)
- **PRONUNCIAR BIEN**
  La **j**

Cultura

- **PANAMERICANA**
  Guatemala

1 Tacha todas las palabras que no se refieren a personas. Luego, marca las que expresan relaciones familiares.

hijo	empleado	marido	hotel	hermana	tortilla	enfermera
padres	naranja	abuelo	médico	peluquero	primo	profesor
directora	quiosco	informática	actriz	bailarina	arroz	compositora
gente	sobrina	estudiante	teatro	amigo	músico	compañera
escuela	nieto	colega	empresa	cantante	representante	

2 ¿Quién es quién? Completa el crucigrama. Luego, busca la palabra oculta con las letras de las casillas en color.

1. la hija de tu tía
2. el tío de tu hija
3. el hijo de tu hermana
4. la tía de tus hijos
5. la madre de tus hijos
6. la hija de tu hijo

Palabra oculta: ....

3 a. Lee este texto y complete el árbol genealógico.

> “Yo me llamo Javier y tengo un hermano, Pablo. La mujer de Pablo se llama Amalia. Tienen tres hijos: Carlos, Félix y Anabel. Mi madre, Adela, tiene un hermano, Ricardo, que no tiene pareja. Mi padre es Francisco. Mi mujer, Marisa, y yo tenemos una hija, Carolina.”

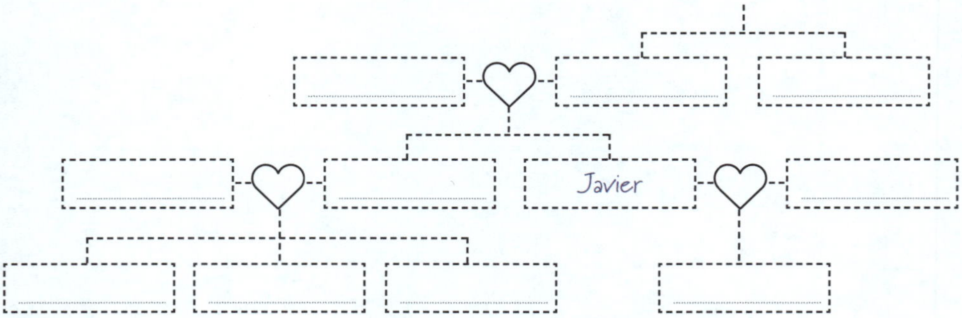

b. Ahora, mira el árbol genealógico completo. ¿Qué relación tienen estas personas?

1. Félix y Carlos son los __________ de Anabel.
2. Marisa y Javier son los __________ de Carolina.
3. Carolina es la __________ de Carlos, Félix y Anabel.
4. Ricardo es el __________ de Javier y Pablo.
5. Javier es el __________ de Marisa.
6. Félix es el __________ de Marisa y Javier.
7. Francisco es el __________ de Carolina.

4 a. Completa esta entrevista con los posesivos correspondientes.

- • __________ familia es muy especial, ¿verdad?
- ▪ Sí, __________ familia es muy especial. Casi todos trabajan en el circo. Son ya tres generaciones de artistas de circo. Ahora __________ tío Javier es el director, pero también __________ madre, __________ dos hermanos y __________ abuelo, de 75 años, trabajan ahí. __________ circo es famoso en todo el país.

b. Adivina qué miembro de la familia habla con ayuda del árbol genealógico de 3 a.

5 Continúa estas series de números.

1. seis – doce – veinticuatro – __________ – __________
2. noventa – setenta – cincuenta – __________ – __________
3. cuarenta y dos – cuarenta y nueve – cincuenta y seis – __________ – __________
4. ochenta y ocho – setenta y siete – sesenta y seis – __________ – __________
5. quince – treinta – cuarenta y cinco – __________ – __________

6 18 - ¿**Cuántos** o **cuántas**? Completa las preguntas. Luego, escucha y marca la cifra correcta.

1. ¿ .... clases tiene la escuela?	☐ 17	☐ 25
2. ¿ .... personas trabajan en la escuela?	☐ 39	☐ 49
3. ¿ .... son profesores o profesoras?	☐ 38	☐ 31
4. ¿ .... días de vacaciones tienen los profesores?	☐ 26	☐ 22
5. ¿ .... familias pasan las vacaciones en casa?	☐ 13	☐ 30
6. ¿ .... estudiantes viven con familias?	☐ 15	☐ 50

7 Ordena las fichas de dominó para formar diez pares de contrarios.

- mujer / simpático/a
- bajito/a / delgado/a
- tímido/a / pesimista
- mayor / guapo/a
- moderno/a / hombre
- moreno/a / abierto/a
- gordito/a / joven
- optimista / tradicional
- feo/a / rubio/a
- antipático/a / alto/a

8 19 - ¿Quién es? Escucha la conversación en una fiesta. ¿Puedes identificar a las personas?

☐ Marta	☐ Dolores	☐ Fernando
☐ Miguel	☐ Victoria	☐ Teresa
☐ María	☐ Rubén	☐ Juana

9 Lee estas frases y elige la opción correcta.

1. Me gusta mucho **el cine** / **las películas**.
2. Me gustan bastante **el teatro** / **los actores españoles**.
3. No me gusta **la ópera** / **los conciertos de rock**.
4. No me gusta mucho **viajar en avión** / **los hoteles con animación**.
5. No me gustan nada **la música pop** / **las personas antipáticas**.

10 a. Marca según tus gustos.

el chocolate negro				
las vacaciones				
aprender español				
el fútbol				
los conciertos de música clásica				
hablar por teléfono				

b. Completa con el verbo gustar y responde según tus gustos de la tabla de a.

Sí, mucho.	Sí, bastante.	No, no mucho.	No, nada.

¿Te .... el chocolate negro? ....
¿Te .... las vacaciones? ....
¿Te .... aprender español? ....
¿Te .... el fútbol? ....
¿Te .... los conciertos de música clásica? ....
¿Te .... hablar por teléfono? ....

c. Escribe sobre tus gustos.

Me gusta mucho...

Me gustan...

No me gusta...

No me gustan...

11 Marca la opción correcta.

1. Penélope Cruz es una de **mi / mis** actrices favoritas.
2. También **me / mi** gusta Javier Bardem, **su / tu** marido.
3. Los dos son unos de **nosotros / nuestros** actores más famosos.
4. **Sus / Vuestras** películas tienen fama internacional.
5. Penélope tiene una buena relación con Mónica, la hermana de **sus / su** marido.
6. A Javier le gusta mucho el libro de recetas de **su / sus** abuela, *La cocina de los Bardem*.

12 ¿Qué meses asocias con estas fotos?

13 Pregunta a tu compañero/a por el cumpleaños de las siguientes personas. Toma notas.

él o ella ......
su madre ......
su padre ......
su pareja ......
su(s) hijo(s) ......
su profesor/a de español ......

- *¿Cuándo es tu cumpleaños?*
- *Es el 21 de mayo.*
- *¿Y cuándo es el cumpleaños de tu madre?*
- *El 26 de septiembre.*

14 a. Busca en esta sopa de letras nueve nombres de relaciones familiares (en horizontal, vertical y diagonal). Anótalos en masculino y femenino.

1. hermana, hermano
2. ......
3. ......
4. ......
5. ......
6. ......
7. ......
8. ......
9. ......

H	A	J	O	D	E	H	N	B	I
E	I	U	S	M	P	R	I	M	O
R	E	J	U	U	R	I	E	U	A
M	L	A	O	J	I	U	T	E	S
A	B	T	R	E	S	H	A	L	O
N	I	S	I	R	U	D	A	O	B
A	T	E	N	A	S	A	T	H	R
S	A	A	B	U	E	L	O	P	I
A	B	U	W	D	H	R	M	A	N
V	M	A	D	R	E	T	T	E	O

b. ¿Quién es quién?

1. ¿Quién es la hija de tu hija? Es mi nieta.
2. ¿Quién es la hermana de tu madre? ......
3. ¿Quién es el padre de la hermana de tu madre? ......
4. ¿Quién es el hijo de la hermana de tu madre? ......
5. ¿Quién es el hijo de la madre de tu madre? ......

15 ¿Qué adjetivos se pueden usar para describir a estas personas? ¿Cómo se dice lo contrario?

	ADJETIVO	CONTRARIO
Una persona de 190 cm es	alta	
Una persona de 180 kg es		
Una persona que habla poco es		
Una persona atractiva es		
Una persona positiva es		
Una persona de 95 años es		

16 ¿Personas, objetos o lugares? ¿A qué pueden referirse estos adjetivos? Hay varias opciones.

	PERSONA	OBJETO	LUGAR
optimista			
romántico/a			
difícil			
elegante			
autoritario/a			
alto/a			
rubio/a			

	PERSONA	OBJETO	LUGAR
tímido/a			
interesante			
original			
famoso/a			
alegre			
italiano/a			
antipático/a			

17 La palabra correcta. Reemplaza las palabras en negrita con las correctas en la columna de la derecha.

1. **Mis** hermana tiene dos hijos.
2. Me **gusta** las películas románticas.
3. No me gusta **viajo** en avión.
4. Es un hombre **optimisto**.
5. ¿Cuántos años **eres**?
6. ¿**Qué** es tu número de teléfono?
7. ¿**Cuántos** hermanas tienes?
8. ¿Cuándo **tienes** cumpleaños?
9. ¿Pasáis las vacaciones con **vosotros** padres?
10. María Luisa **es** casada y tiene un hijo.

a. está
b. vuestros
c. es tu
d. cuántas
e. viajar
f. mi
g. optimista
h. cuál
i. tienes
j. gustan

18 Conecta estas preguntas con las respuestas adecuadas.

1. ¿Te gustan las fiestas de cumpleaños?
2. ¿Cuántos años tiene tu hija?
3. ¿Dónde tienes fotos de tu familia?
4. ¿Te gusta Carlos?
5. ¿Cómo es tu nueva jefa?
6. ¿Quién es Javier Bardem?
7. ¿Cuándo es el cumpleaños de tu hermana?
8. ¿Qué hace tu sobrina?

a. Es directora de exportación.
b. Un poco autoritaria.
c. Sí, es muy simpático.
d. El uno de enero.
e. Un actor famoso.
f. No mucho.
g. Veintidós, estudia en la universidad.
h. En el móvil tengo muchas. ¡Mira!

19 20 - Conecta los números que escuchas con una línea. ¿Qué imagen surge?

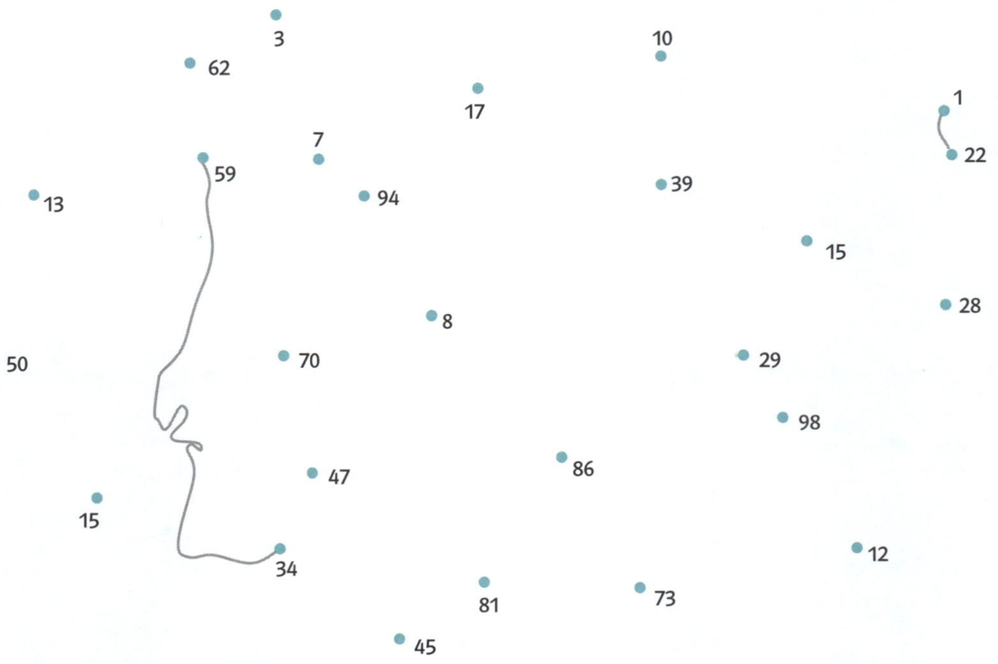

20 Escribe estos números en cifras y, luego, organízalos de menor a mayor.

noventa y seis	96	quince	....	veintitrés	....
setenta y dos	....	nueve	....	trece	....
cincuenta y tres	....	treinta	....	dos	....
sesenta y ocho	....	doce	....	diecinueve	....

21 Completa con las formas de los posesivos en todas las personas.

MASCULINO SINGULAR	FEMENINO SINGULAR	MASCULINO PLURAL	FEMENINO PLURAL
.... hijo	.... hija	.... hijos	.... hijas
.... hijo	.... hija	.... hijos	.... hijas
.... hijo	.... hija	.... hijos	.... hijas
.... hijo	.... hija	.... hijos	.... hijas
.... hijo	.... hija	.... hijos	.... hijas
.... hijo	.... hija	.... hijos	.... hijas

22 Completa la tabla con las terminaciones de los adjetivos.

	MASCULINO		FEMENINO	
SINGULAR	un hotel	fantástic..... interesant..... original	una persona	fantástic..... interesant..... original
PLURAL	hoteles	fantástic..... interesant..... original.....	personas	fantástic..... interesant..... original.....

23 Escribe un ejemplo con cada uno de estos interrogativos.

¿Quiénes? ¿Quiénes son esas chicas?
¿Dónde? ¿Dónde vives? / ¿De dónde eres?
¿Quién? ______
¿Qué? ______
¿Cuándo? ______
¿Cómo? ______
¿Cuántos/as? ______
¿Por qué? ______

24 Completa con los verbos en presente.

gustar (× 2)	hablar	llamarse	ser (× 3)	tener (× 2)	trabajar	vivir

Hola, ______ Enrique y ______ de Cádiz, pero ______ en Alicante. ______ camarero y ______ en la chocolatería Valor en Alicante. ______ inglés y un poco de alemán porque nosotros ______ clientes de muchos países. Estoy casado y ______ dos hijos. Me ______ mi trabajo y el contacto con los clientes. Y claro, también me ______ los productos de la chocolatería, ¡ ______ excelentes!

25 ¿Qué es? Elige la imagen adecuada y subraya en los diálogos lo que te ayudó a tomar una decisión.

1. • ¿Qué tal? ¿Te gusta?
▪ Hmm, sí, ¡está buenísima!

2. • ¿Es nueva?
▪ No, es de mi hermano. Pero él tiene ahora una eléctrica.

3. • ¡Excelente! ¿Es de aquí?
▪ Sí, de Galicia. Es famoso por su aroma exquisito.

4. • Muy interesante, ¿verdad?
▪ Sí, es uno de mis favoritos. Romántico y original.

26 Panamericana: Guatemala. Completa. Luego, lee de nuevo el texto de las páginas 50 y 51 de la Edición para estudiantes y comprueba.

1. Guatemala es un ______ pequeño con una naturaleza fascinante.
2. Tiene la ______ tropical más grande de Centroamérica.
3. Más del 50 % de los guatemaltecos son de ______ indígena.
4. Muchos turistas visitan el ______ de Chichicastenango.
5. Las ruinas de Tikal, en Guatemala, y las de Copán, en Honduras, son ______ con mucha historia.
6. El Salvador es famoso por sus ______.

MUNDO PROFESIONAL

27 ¿Cuál es la función de cada departamento de esta empresa? Describe las funciones y, luego, compara tus respuestas con tu compañero/a.

Dirección General	el servicio al cliente
Departamento de Recursos Humanos	la estrategia de la empresa
Departamento de Compras	los cursos de formación para los empleados
Departamento de Ventas	los ordenadores
Departamento de Marketing	los balances de la empresa
Departamento de Informática	la publicidad y las relaciones públicas
Departamento de Contabilidad	los asuntos legales
Departamento Jurídico	las llamadas telefónicas
Recepción	el control de materiales

El Departamento de Recursos Humanos es responsable de los cursos de formación para los empleados.

28 Ya conoces muchas palabras del mundo laboral. Completa este mapa mental.

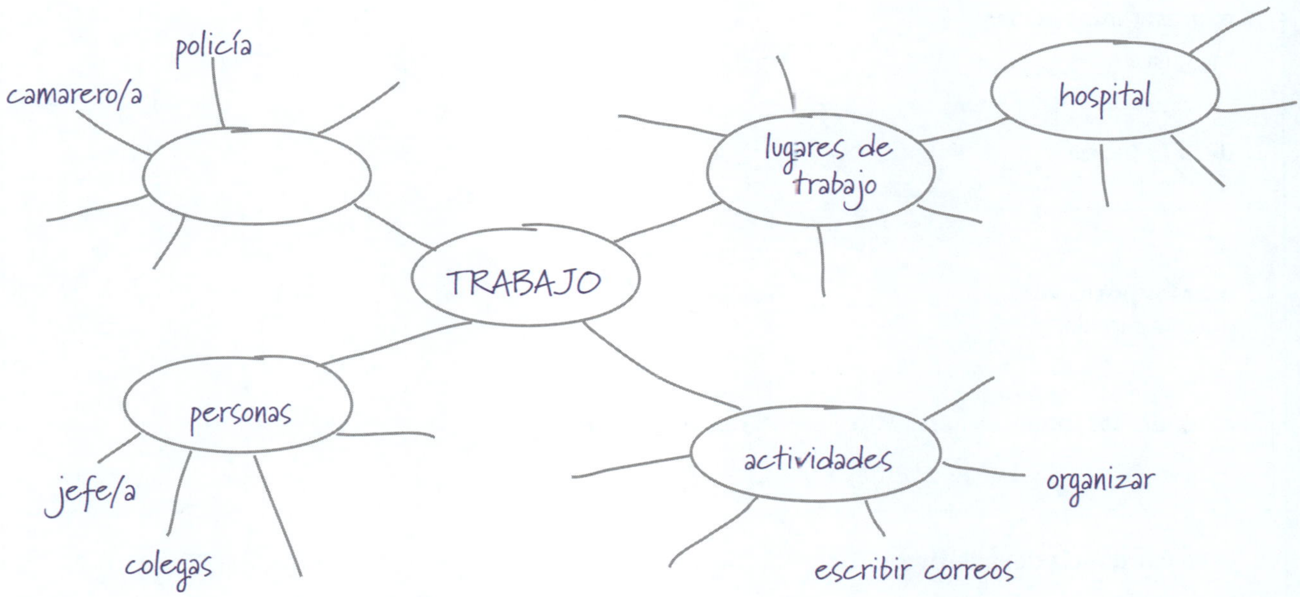

PRONUNCIAR BIEN

29 a. La pronunciación de la j. Lee el texto y comenta las dudas en clase.

¿Te resulta difícil pronunciar **Jorge** o **Gijón**? Practica la pronunciación con sonidos familiares: ¡seguro que sabes reírte!

¡JA, JA, JA!

b. 21 – Escucha este trabalenguas. ¿Puedes repetirlo correctamente?

La Bruja Maruja prepara un brebaje,
con cera de abeja, dos dientes de ajo,
cuarenta lentejas y un pelo de oveja.

AUTOEVALUACIÓN

YA SÉ...	👍	✋	👎
... hablar de mi familia: Tengo .... hermano(s) y	☐	☐	☐
... preguntar por una persona: ¿ .... es .... ?	☐	☐	☐
... preguntar por la edad y contestar:	☐	☐	☐
... describir el aspecto y el carácter de una persona: Mi jefa es	☐	☐	☐
... expresar mis gustos: Me gusta .... No me gusta	☐	☐	☐
... decir la fecha:	☐	☐	☐
... usar los posesivos: nuestra familia, mi	☐	☐	☐
... entender los números hasta 100 y escribirlos en palabras: 12 .... , 57 .... , 34	☐	☐	☐
... la concordancia del adjetivo: una persona simpátic.... , un trabajo interesant.... , un hombre optimist.... , empresas internacional....	☐	☐	☐

4 MIRADOR

Unidad de repaso

1 Lee este correo electrónico y marca las opciones correctas.

Mensaje nuevo

Hola, Valeria:

¡México **es / está** un país fascinante! Hoy te escribo de Oaxaca. La ciudad es muy **interesantes / interesante** y me **gusta / gustan** mucho. Además **tengo / tiene** aquí ya contactos para **nosotras / nuestra** empresa. Hoy, Isabel y yo **hablamos / hablan** con el director de **un / una** empresa de chocolate. Él vive **a / en** México, pero parte de su familia también **es / está** de Alicante.

¿Y qué tal vosotros? ¿**Trabajan / Trabajáis** mucho? ;-)

¡Hasta pronto!

Pedro

2 22 - Lee los diálogos. Luego, escúchalos y marca la respuesta correcta.

1.

- ¿Cuántas personas trabajan en esta oficina?
- Somos .... con el jefe.

a. 5 b. 15

2.

- ¿Cómo se escribe el apellido?
- ....

a. Ximénez b. Jimeno

3.

- ¿Cuántos empleados tiene la empresa?
- .... Es una empresa muy pequeña.

a. 11 b. 12

4.

- ¿Tienes correo electrónico?
- Sí, es ....

a. Ruiz@web.com b. Luis@web.com

3 23 - Lee primero las respuestas a-d y escucha las preguntas 1-3 dos veces. Luego relaciona cada pregunta con la respuesta adecuada.

1. ☐
2. ☐
3. ☐

a. En la biblioteca de la escuela.
b. No me gusta mucho.
c. Es pronto, el 3 de noviembre.
d. Sí, dos hijas: Sofía y María Elena.

4 Lee los textos y luego elige un título para cada uno.

- ☐ Un autor muy activo.
- ☐ Dos días para bailar.
- ☐ Me llamo como un país.
- ☐ Viaje a Latinoamérica.

1

Mario Vargas Llosa publica otra vez. El tema de su nuevo libro es el amor. A sus más de 80 años el premio nobel de Literatura peruano viaja mucho y habla sobre sus libros y sobre política en congresos y conferencias.

2

Muchas niñas se llaman como su madre o su abuela, pero en Latinoamérica hay también bebés que se llaman Argentina, Bolivia o América. Preguntamos a un padre los motivos: "Mi hija tiene este nombre porque Argentina me gusta mucho, es un país fantástico, y la niña es también una persona fantástica. Además, para nosotros, este nombre es como música".

3

El músico de Puerto Rico Luis Fonsi, autor de la famosa canción "Despacito", visita muchas ciudades de España para presentar sus nuevas canciones. El uno y el dos de abril Luis Fonsi viene a Madrid y Barcelona. Las entradas para estos conciertos ya están en www.ticketbox.com.

5 Quieres hacer el Camino de Santiago y buscas compañía. Rellena este formulario de contactos.

Contactos

AMIGOS DEL CAMINO DE SANTIAGO

NOMBRE ______

APELLIDOS ______

LUGAR DE RESIDENCIA ______

PAÍS ______

EDAD ______ AÑOS

PROFESIÓN ______

CORREO ELECTRÓNICO ______

NÚMERO DE TELÉFONO ______

5 COMER CON GUSTO

Comunicación
- Comprar alimentos
- Preguntar el precio
- Hablar de cantidades y envases
- Pedir algo en un bar
- Informarse sobre la comida
- Referirse a una cosa mencionada
- Preguntar por la hora y decirla
- El momento del día y la hora
- Expresar la frecuencia
- **MUNDO PROFESIONAL**
  Un almuerzo de negocios: hacer una reserva

Léxico
- Los alimentos
- Las cantidades y las medidas
- Los envases

Gramática
- Los pronombres de OD
- El **se** impersonal
- Los números a partir del 100
- Verbos con cambio vocálico (**e → ie**, **o → ue**)
- La hora (**Es la** una / **Son las** dos)
- **PRONUNCIAR BIEN**
  La **s**

Cultura
- Las tapas y los bares
- El aceite de oliva de origen español
- **PANAMERICANA**
  Costa Rica

1 **Rodea los alimentos que sabes decir en español y escribe su nombre. Luego, elige tres alimentos que te interesan y búscalos en el diccionario.**

Tomate
....
....
....
....
....
....
....

2 **Relaciona las preguntas con las respuestas adecuadas. ¿Qué preguntas hace el/la cliente/a (C) y cuáles el/la vendedor/a (V)? Márcalo.**

C V	**1.** ¿Qué fruta tiene?	☐ **a.** Sí, un kilo de manzanas.
C V	**2.** ¿Cuánto quiere?	☐ **b.** No, lo siento. Hoy no tengo.
C V	**3.** ¿Tiene huevos?	☐ **c.** En total son 8,40 €.
C V	**4.** ¿Algo más?	☐ **d.** Un kilo y medio.
C V	**5.** ¿Cuánto cuesta el jamón?	☐ **e.** 14 € el kilo.
C V	**6.** ¿Cuánto es?	☐ **f.** Tengo manzanas, mandarinas, plátanos...

3 24 - Completa el diálogo en el mercado con las formas correctas de los verbos preferir, tener, querer. Luego, escucha y comprueba.

- Aquí tiene los tomates y las cebollas. ¿Qué más ________, doña Aurelia?
- ¿________ mandarinas?
- No, lo siento. Pero ________ unas naranjas muy buenas. ¿No ________ probarlas? Están muy buenas.
- ¿Naranjas? No... Hoy ________ manzanas.
- ¿Cuántas ________?
- Medio kilo. Eso es todo, gracias.
- Perfecto. Aquí ________.

4 a. Lee el texto. ¿Qué significan las palabras olivo, producción y tonelada?

España es el productor de aceite de oliva número uno en el mundo. El aceite de oliva español tiene seis mil (1) años de historia. Es el zumo de la fruta del olivo, un árbol que vive hasta trescientos (2) años. España tiene doscientos ochenta millones (3) de olivos y el ochenta (4) por ciento está en la región de Andalucía.

La producción es de un millón (5) de toneladas; Andalucía exporta ciento veinte mil (6) toneladas a más de cien (7) países en los cinco (8) continentes. Los españoles consumen casi trece (9) litros por persona y año.

b. Escribe los números del texto en cifras.

1. ________ 4. ________ 7. ________
2. ________ 5. ________ 8. ________
3. ________ 6. ________ 9. ________

5 25 - Escucha y marca el precio correcto de cada botella de estos vinos exclusivos.

VINOS FINOS, S.A.

Dominio de Pingus 2000	☐ 790 €	☐ 970 €
Pingus 2003	☐ 590 €	☐ 159 €
La Ermita 2002	☐ 393 €	☐ 293 €
Tinto Pesquera Millenium 1996	☐ 214 €	☐ 240 €
Vega Sicilia Reserva Especial 1999	☐ 184 €	☐ 804 €
Artadi Grandes Añadas 2001	☐ 132 €	☐ 123 €
Finca Garbet 2001	☐ 150 €	☐ 115 €

6 Completa con los pronombres correspondientes. ¿Cuál es el infinitivo de estos verbos?

él, ella, usted	quiere	querer		queremos	
	prefieres			preferís	
	tienen			puedo	
	pruebas			probáis	
	podemos			vivimos	
	aprendéis			soy	

7 26 - Escucha y relaciona los diálogos con estos alimentos.

☐ bocadillo ☐ tortilla ☐ espaguetis ☐ aceitunas

Preposiciones

un bocadillo ~~con~~ **de** jamón

8 **a.** Relaciona los elementos de las columnas y escribe frases.

Las naranjas			tienen de pollo y gambas, ¿no?
Las manzanas		**lo**	hacemos de jamón y queso.
El té	(no)	**la**	prefiero con limón y azúcar.
Los bocadillos		**los**	quiero para zumo.
La paella		**las**	tienen fritas o a la plancha.
Las sardinas			prefiero verdes.

b. ¿Qué frases se dicen en un mercado y cuáles en un bar?

Posición de los pronombres

Cuando el objeto directo está antes del verbo, hay que repetirlo con un pronombre.

- El café **lo** quiero con leche.
- La tortilla **la** prefiero fría.

9 Relaciona los alimentos con el envase o la cantidad. ¿Puedes añadir más alimentos a cada grupo?

agua	naranjas	cerveza	azúcar	leche	sardinas
pasta	vino	manzanas	arroz	aceite	mandarinas
atún	mantequillla	cebollas	plátanos	cocacola	

1. una botella de ....
2. un paquete de ....
3. una lata de ....
4. un litro de ....
5. medio kilo de ....

10 Anota los productos que compra esta persona.

11 a. ¿Qué palabras expresan frecuencia? Márcalas. Luego, ordénalas de menos a más.

nunca	enero	todos los días	hoy	pocas veces	también
rápido	siempre	mañana	muchas veces	casi nunca	buenas noches

– +

b. ¿Con qué frecuencia haces estas actividades?

beber café	escuchar música clásica	viajar en avión	hablar español
hablar por teléfono	comer carne	cenar en un restaurante	
comprar productos biológicos	escribir correos electrónicos	organizar fiestas	

Bebo café todos los días, pero casi nunca como carne.

12 Lee las siguientes frases y decide qué formas verbales terminan en -n. Luego marca a qué país se refieren las frases y coméntalo con tus compañeros/as.

	ESPAÑA	TU PAÍS
1. Se desayuna ____ en casa.	☐	☐
2. Se toma ____ tapas con amigos.	☐	☐
3. Se paga ____ la cuenta por separado.	☐	☐
4. Se bebe ____ mucha cerveza.	☐	☐
5. Se come ____ muchas aceitunas.	☐	☐
6. Se toma ____ vino en las comidas.	☐	☐

- *En Alemania...*

13 🔊 27 - Escribe la hora en letras. Luego escucha estos cuatro diálogos y anota el orden.

☐ fiesta: ____ (11.00)

☐ avión: ____ (6.45)

☐ concierto: ____ (9.00)

☐ clase de español: ____ (16.30)

14 Elige la preposición adecuada.

Hablar de los horarios
- **Por** la tarde.
- **A las** cinco **de** la tarde.

1. Muchos españoles no desayunan **por / de** la mañana, pero **a / en** las diez toman un café.
2. **Al / Por** mediodía, muchas personas van **a / en** un bar **para / por** comer algo.
3. **Por / De** la tarde, muchos niños toman un bocadillo **a / de** jamón o queso.
4. La gente cena tarde, es normal cenar **en / a** las diez **de / por** la noche.
5. **En / Por** la cena se come un plato ligero, por ejemplo, tortilla **de / con** patatas o pescado **a / de** la plancha.

15 ¿Qué palabra no forma parte del grupo?

1.	lata	botella	bolsa	manzana
2.	tomate	lechuga	manzana	mandarina
3.	sardinas	calamares	pollo	gambas
4.	verdura	aceituna	fruta	carne
5.	lechuga	pan	pasta	patatas
6.	jamón	leche	mantequilla	yogur
7.	leche	zumo	té	plátano
8.	cuchillo	vaso	cuchara	tenedor

16 Clasifica los siguientes alimentos según las categorías. ¿Puedes agregar palabras a cada grupo?

jamón	mantequilla	limón	cebolla	naranja	tomate	mandarina
pollo	atún	patata	queso	melón	yogur	lechuga

VERDURA	FRUTA	CARNE Y PESCADO	LÁCTEOS

17 Quieres comprar estos productos. Escribe una lista de la compra con la información adecuada sobre el peso y la cantidad.

2 kg

½ kg

1 l

250 g

1 ½ l

½ kg

dos kilos de...

18 ¿Qué combinaciones son posibles? Escríbelas.

- una botella de...
- un bocadillo de...
- un zumo de...
- una tortilla de...
- una lata de...
- un paquete de...
- un bote de...

vino	naranja(s)	mantequilla	atún	aceitunas
champiñones	manzana	sardinas	café	leche
arroz	patatas	agua mineral	tomate(s)	fruta
limón	jamón	queso	mermelada	

19 Completa el diálogo con las palabras y las expresiones de las etiquetas.

Tiene	tengo	quiere	Quería	Aquí tiene	Eso es todo

prefiero	me gustan	es	algo más	Cuánto cuestan

- Hola, buenos días. .... un kilo de patatas.
- Muy bien, aquí las tiene, ¿ .... ?
- ¿ .... mandarinas?
- Lo siento, mandarinas no .... Pero hay unas naranjas muy buenas.
- No, gracias, no .... las naranjas, ... las mandarinas. Deme también un kilo de plátanos.
- Aquí los tiene, ¿ .... algo más?
- ¿ .... los aguacates?
- 4 € cada uno.
- Ah, entonces no. .... ¿Cuánto .... ?
- Son 8,20 €.
- .... Muchas gracias y hasta la próxima.

20 Relaciona las preguntas con las respuestas adecuadas.

1. ¿Cuánto es todo? ☐
2. ¿Qué hora es? ☐
3. ¿Qué llevan las albóndigas? ☐
4. ¿Tiene mandarinas? ☐
5. ¿Cuánto cuestan las patatas? ☐
6. ¿Qué quieren tomar? ☐
7. ¿A qué hora cenas? ☐
8. ¿Cómo quiere las sardinas? ☐

a. A las nueve.
b. 1,30 € el kilo.
c. Salsa de tomate y ajo.
d. A la plancha.
e. Sí, muy buenas.
f. Son las tres menos cuarto.
g. Una cerveza y un agua mineral.
h. Son 5,70 €.

21 Completa estos diálogos con lo, la, los, las.

- Quiero un té.
- ¿ .... quiere con limón?

- Quiero una tortilla.
- ¿ .... quiere caliente o fría?

- Quiero unos calamares.
- ¿ .... quiere a la romana?

- Quiero unas aceitunas.
- ¿ .... quiere verdes o negras?

22 ¿Cuánto/a/os/as? Completa.

¿Cuánt .... cuestan las mandarinas?
¿Cuánt .... queso compras?
¿Cuánt .... huevos tenemos?
¿Cuant .... es todo?
¿Cuánt .... pasta necesitamos?
¿Cuánt .... mandarinas quiere?

23 Completa las tablas.

QUERER (E → IE)	PODER (O → UE)	ALMORZAR (O → UE)	PROBAR (O → ......)	PREFERIR (E → ......)
....	....	....	....	....
....	....	....	....	....
....	....	....	....	....
....	....	....	....	....
....	....	....	....	....
....	....	....	....	....

24 Completa.

100	....	1000	....
200	doscientos	1001	mil uno
300	....	1010	....
400	cuatrocientos	1100	mil cien
500	....	1999	....
600	seiscientos	10 000	diez mil
700	....	100 000	....
800	ochocientos	1 000 000	un millón
900	....	10 000 000	....

25 Escribe las horas de la mañana y de la tarde en cifras.

a. Es la una 01:00, 13:00 .

b. Son las dos y cinco ....

c. Son las cinco y cuarto ....

d. Son las ocho y veinticinco ....

e. Son las cuatro y media ....

f. Son las tres menos veinticinco ....

g. Son las cuatro menos cuarto ....

h. Son las siete menos cinco ....

i. Son las nueve en punto ....

26 Relaciona las preguntas con las respuestas y complétalas con lo, la, los, las.

1. Deme un kilo de tomates, por favor. ☐

2. ¿Quieres el té con leche? ☐

3. Para mí un vino de la casa. ☐

4. ¿Quién compra las bebidas para la fiesta? ☐

5. ¿Cuándo tenéis vacaciones? ☐

6. ¿Qué tal la tortilla? ☐

a. .... tenemos en agosto.

b. ¿ .... quiere para ensalada o para salsa?

c. .... compra Roberto en el supermercado.

d. No, ... prefiero con limón.

e. Muy rica, ¿ .... quieres probar?

f. ¿ .... quiere blanco o tinto?

27 28 - Escucha un pedido en el supermercado y completa el formulario.

PEDIDO

	vino
3 barras	
	huevos
1 l	
	patatas
	yogures naturales
½ kg	
	jamón serrano

28 ¿Qué hora es?

18:20 Son las seis y veinte de la tarde .
15:10 ______ .
22:05 ______ .
08:50 ______ .
19:15 ______ .
11:25 ______ .

La hora

Para especificar el momento del día sin una hora específica, se usa **por** en España y **en** en Latinoamérica.

- Trabajo **por** la mañana.
- Trabajo **en** la mañana.

29 Lee las frases y corrige los errores.

1. En Alemania se toma muchos tipos de pan. ______
2. Me gustan el té con limón. ______
3. Quería un medio litro de vino, por favor. ______
4. ¿Cuánta chocolate necesitamos? ______
5. Son las cuatro por la tarde. ______
6. ¿Qué lleva las albóndigas? ______
7. ¿En qué hora cenamos? ______

30 Lee el diálogo y complétalo con los verbos de las etiquetas en la forma adecuada en cada caso.

gustar (× 2)	llevar	poder (× 2)	preferir (× 2)	probar	tener	tomar

- Aquí ______ tapas muy ricas: gambas, calamares, patatas bravas...
- ¿Qué son "patatas bravas"? ¿Son picantes?
- Sí, un poco. ______ una salsa con mayonesa, kétchup y tabasco.
- No, entonces ______ otra cosa, no me ______ las comidas picantes.
- ¿Qué tal unas gambas? Aquí son fantásticas.
- Sí, me gustan mucho las gambas.
- ¿Las ______ a la plancha o al ajillo?
- A la plancha, es que no ______ comer ajo. También ______ probar los calamares, ¿te ______?
- Claro, los calamares a la romana me gustan mucho.
- Entonces, una ración de gambas y una de calamares. ¿Y qué tomamos para beber? ¿ ______ vino blanco o tinto?
- No sé. Casi todo es pescado. ¿ ______ el vino blanco de la casa?
- Es verdad, el blanco es mejor. Pues medio litro de vino blanco...

31 Panamericana: Costa Rica. Completa las frases y, luego, comprueba con el texto de las páginas 68 y 69 de la Edición para estudiantes.

1. Los frijoles son un ______ típico de Costa Rica.
2. Se comen con arroz y huevos o carne en el ______ .
3. Un ______ famoso de Costa Rica es el café, que se exporta a todo el mundo.
4. Costa Rica tiene una ______ fantástica con sus playas, su selva y sus volcanes.
5. En Panamá el famoso canal une el ______ Atlántico con el Pacífico.

MUNDO PROFESIONAL

32 Verónica tiene que reservar mesa para un almuerzo de negocios en Toledo. Lee las opiniones de los participantes sobre sus preferencias y selecciona el restaurante apropiado.

Antonio Romero

Julia Rodríguez

Lorenzo Soler

Cristina Zapatero

MALAGÓN

Avda. Francisco Aguirre, 133
45600 Talavera de la Reina
Tel.: 925 82 64 18

Menú con seis platos diferentes especializado en productos de la región (espárragos y champiñones). Variedad de carnes, pescados y platos vegetarianos.

CASA AURELIO

C/ Sinagoga, 6
45001 Toledo
Tel.: 925 22 20 97

En el centro histórico, deliciosas carnes, fantásticos pescados y la excelente cocina tradicional de Toledo.

El Cantábrico

C/ Dublín, 6
45003 Toledo
Tel.: 925 22 37 49

Más de diez tipos de pescado y mariscos diferentes. Especialidad: arroz.

PRONUNCIAR BIEN

33 a. Las vocales y la letra s. Lee el texto y comenta las dudas en clase.

¿En tu lengua hay vocales largas y cortas? ¿En tu lengua las eses pueden ser sordas y sonoras? En español, acostúmbrate a pronunciar las vocales cortas y las eses sordas. De esta manera, tu forma de hablar se parecerá más a la de un hispano.

b. 29 - Escucha cómo pronuncian Petra y Pedro las mismas palabras. Luego, léelas imitando a Pedro. Practica con tu compañero/a.

casa	tomate	nosotros	persona	sala
famoso	simpático	problema	Eva	

AUTOEVALUACIÓN

YA SÉ...	👍	✋	👎
... comprar alimentos y preguntar por el precio:	☐	☐	☐
... expresar preferencias: Prefiero	☐	☐	☐
... pedir algo en un bar:	☐	☐	☐
... pedir información sobre la comida: ¿Lleva .... ?	☐	☐	☐
... decir las medidas y cantidades: .... de aceite	☐	☐	☐
... preguntar por la hora y decirla: ¿.................... ?	☐	☐	☐
... los números a partir de 100: 101 .... , 540 .... , 3100	☐	☐	☐
... conjugar los verbos querer, preferir y poder: yo	☐	☐	☐
... referirme a una cosa ya mencionada: El café, ¿ .... tomas con azúcar?	☐	☐	☐
... expresar impersonalidad: En el desayuno .... toman tostadas.	☐	☐	☐

6 POR LA CIUDAD

Comunicación
- Descubrir una ciudad
- Preguntar y decir dónde se encuentra algo
- Pedir información
- Expresar necesidad
- Indicar el camino
- Los números ordinales
- Expresar cómo ir a un lugar
- **MUNDO PROFESIONAL**
  Abreviaturas
  La agenda semanal

Léxico
- Las partes de la ciudad
- Los monumentos
- Actividades en la ciudad
- Los medios de transporte
- Las tiendas y los establecimientos

Gramática
- **Hay**
- **Está/n**
- Expresiones de lugar
- El uso de las preposiciones **a** y **en**
- La contracción del artículo
- Los verbos irregulares **ser**, **ir**, **estar**, **seguir**
- **PRONUNCIAR BIEN**
  La acentuación de los verbos

Cultura
- Madrid
- Un fin de semana en Barcelona
- Ciudades del mundo
- **PANAMERICANA**
  Colombia

1 ¿Qué palabra no forma parte del grupo? Táchala y añade una más a cada grupo.

1.	restaurante	confitería	cafetería	concierto	
2.	parada de taxis	estación de autobuses	teatro	estación de tren	
3.	centro	calle	barrio	precio	
4.	tradicional	cuadro	histórico	antiguo	
5.	al mediodía	a la plancha	por la tarde	por la noche	
6.	desayunar	almorzar	alcázar	cenar	
7.	lunes	semana	domingo	viernes	
8.	tren	estación	coche	bicicleta	
9.	delante	enfrente	al lado	después	
10.	confitería	panadería	perfumería	frutería	
11.	museo	farmacia	teatro	opera	
12.	sur	este	centro	oeste	
13.	octubre	martes	marzo	diciembre	

2 **a.** ¿Cómo es tu ciudad? Completa las frases con es, está o hay. Luego, marca las frases que se refieren a tu ciudad.

- ☐ .... la capital del país / de la región.
- ☐ .... muchos parques y jardines.
- ☐ .... en el sur del país.
- ☐ .... muchos monumentos y museos.
- ☐ .... muchas casas altas y modernas.
- ☐ .... más de 100 000 habitantes.
- ☐ .... en la montaña.
- ☐ .... famosa por sus playas.
- ☐ .... importante para el turismo.
- ☐ .... un río.
- ☐ .... en el centro del país.
- ☐ .... una universidad famosa.
- ☐ .... una ciudad pequeña.
- ☐ No .... muchos bares o discotecas.

b. Escribe un texto sobre tu ciudad con la información de a y añade más características.

3 Completa el texto con ser, estar o hay. ¿Qué ciudad es?

.... una capital europea con unos cinco millones de habitantes y .... en el centro del país. Aquí .... muchos museos interesantes, por ejemplo, el famoso Prado, uno de los museos más importantes del mundo. En sus dieciséis salas de exposición .... cuadros de pintores famosos, como Velázquez o Goya. Otro museo muy interesante .... el Museo Thyssen-Bornemisza, que no .... lejos. Un museo muy visitado también .... el Museo Reina Sofía. Ahí ...., por ejemplo, el famoso cuadro *Guernica* de Pablo Picasso. En todos los museos .... visitas guiadas en español, inglés o alemán.

Pero, además de los museos, ... muchos lugares atractivos para los turistas: la Plaza Mayor, por ejemplo, ... una plaza muy bonita con muchos cafés y restaurantes. Y para descansar, el Retiro .... un lugar ideal, ... un parque muy grande que .... en el centro de la ciudad.

¡.................... una ciudad fantástica! ¡Tienes que visitarla!

4 **a. Escribe el nombre de las tiendas o lugares donde se pueden hacer estas actividades.**

1. Hacer la compra. ....
2. Comprar pan. ....
3. Pedir un plano de la ciudad. ....
4. Enviar cartas o paquetes. ....
5. Comprar medicinas. ....
6. Ver una película. ....

b. Elige cuatro de las actividades de a y escribe con qué frecuencia las haces.

Hago la compra en el supermercado una vez por semana.

5 **a. Completa las frases con ayuda del plano del centro comercial.**

1. • ¿Dónde hay .... ?
   ■ Al lado de los servicios. ¿La ves?
2. • Por favor, ¿dónde está .... ?
   ■ Está aquí cerca, justo a la izquierda de la zapatería.
3. • ¿Dónde está .... ? Tengo que comprar algo para el cumpleaños de Juan.
   ■ Ahí, muy cerca de la zapatería.
4. • ¿Quieres comer algo?
   ■ Sí, mira, allí hay ...., entre el cine y la farmacia.
5. • ¿Tienes 20 euros?
   ■ No, pero allí hay ...., al lado del cine. ¿Lo ves?
6. • Perdone, ¿sabe dónde está .... ?
   ■ Sí, está arriba, cerca de la oficina de correos. Lo verá fácilmente, los carritos de la compra están fuera.

b. Mira el plano de nuevo y completa. Luego, compara tus respuestas con tus compañeros/as. Hay varias opciones.

1. El supermercado está ....
2. La zapatería está ....
3. El punto de información está ....
4. El restaurante está ....
5. La oficina de correos está ....
6. La farmacia está ....
7. Los servicios están ....
8. El coche rojo está ....

6 ¿Adónde vas si necesitas estas cosas?

1. Bebidas, queso, aceite y otros alimentos: Voy a un supermercado.
2. Aspirinas y otros medicamentos: ....
3. Una blusa y una chaqueta: ....
4. Unas sandalias: ....
5. Un sello para enviar una carta a Estados Unidos: ....
6. Un plano de la ciudad: ....
7. Un billete de tren: ....
8. Unos dulces: ....

7 Escribe frases en tu cuaderno para decir cómo vas a los siguientes lugares.

		estación		casa	
		escuela		Madrid	
	de	correos	a	playa	
Para ir	del	hotel	al	teatro	tomo
	de la	Sevilla	a la	aeropuerto	voy en / a
		museo		ópera	
		trabajo		universidad	

8 Pasas un fin de semana en Barcelona y quieres hacer las siguientes actividades. Completa las frases con el verbo adecuado.

cenar	subir	visitar	descansar	comprar	pasear	ir	probar

ACTIVIDADES RECOMENDADAS PARA EL SÁBADO POR LA TARDE

★ .... al parque de atracciones Tibidabo.
★ .... por el centro histórico.
★ .... de compras a la zona peatonal.
★ .... la Sagrada Familia.
★ .... cerámica en las Ramblas.
★ .... dulces típicos en la confitería Reñé.
★ .... en un restaurante del barrio Gótico.
★ .... en el parque Güell.

9 Relaciona las preguntas con las respuestas correspondientes.

1. ¿Está cerca la catedral?	☐	a. En la oficina de turismo.
2. ¿A qué hora cierra el Museo Arqueológico?	☐	b. Sí, son solo diez minutos a pie.
3. ¿Cómo puedo ir al Castillo de Santa Bárbara?	☐	c. Hay una detrás del bar Paco.
4. ¿Dónde hay una farmacia por aquí?	☐	d. A las ocho de la tarde.
5. ¿Dónde está la estación de tren?	☐	e. A pie o en el autobús 54.
6. ¿Dónde podemos pedir un plano de autobuses?	☐	f. Dos veces al día, a las 11 h y a las 15 h.
7. ¿Me puede recomendar un bar de tapas?	☐	g. La Bodega, en la calle Luceros.
8. ¿Cuándo hay visitas guiadas por el centro?	☐	h. Está en el centro, a quince minutos de aquí.

10 Completa el diálogo con las palabras adecuadas.

bajar (× 2)	línea	parada	dirección	tomar	cambiar

- Perdone, ¿cómo puedo ir al Museo de Arte de Cataluña?
- Mire, puede ir en metro. Tiene que tomar la .... 5 del metro en dirección a Cornellá Centre hasta la parada Sants. Allí tiene que .... a la línea 3 en .... a Canyelles y .... en la Plaza de España, son solo dos paradas.
- Oh, es un poco complicado.
- También puede .... el autobús. Allí, delante del quiosco hay una .... Puede tomar el 50 o el 61 y .... en la Avenida del Estadio. Allí está el museo.

11 a. Virginia visita por primera vez a su amiga Regina en Alicante. Sigue la descripción en el plano y marca dónde vive su amiga.

Desde la estación, tomas la Avenida de la Estación. Sigues todo recto y cruzas una plaza grande, la Plaza de Luceros. En la plaza giras a la derecha y tomas la Avenida Federico Soto. Después tomas la segunda calle a la izquierda: es la calle del Teatro. Sigues hasta el número 33 y ya estás en mi casa. Está enfrente del aparcamiento.

b. Y ahora tú. Delante de la oficina de turismo (ℹ) en la calle Rambla de Méndez Núñez, alguien te pregunta cómo llegar a la estación. Describe el camino en tu cuaderno con ayuda del plano.

12 Elige la opción adecuada.

1. Yo soy **a / de** Toledo, pero vivo **a / en** Madrid.
2. **De / Por** la mañana voy **a / en** la universidad **con / en** autobús o **a / en** pie.
3. **A / En** las dos voy **al / en el** bar con mis compañeros y compañeras de clase y después voy **a / en** casa.
4. Una vez **en / por** semana voy **al / en el** cine y dos veces **al / del** año voy **al / en el** teatro.
5. Mañana voy **a / en** Toledo **con / en** tren **a / en** las cinco **de / por** la tarde.
6. **Para / Por** ir **a / en** la estación tengo que bajar **a / en** la segunda parada.

13 a. ¿Puedes identificar estas ciudades del mundo?

1. Una ciudad en el sur de Alemania, famosa por la Fiesta de la Cerveza.
2. Una ciudad famosa por sus cafés, por el río Danubio y por la ópera.
3. Una capital europea llena de bicicletas y famosa por sus canales.
4. Una ciudad famosa por la moda y sus museos. Su torre de metal es otro símbolo característico.
5. Una capital latinoamericana en una isla.
6. Una capital latinoamericana, la ciudad del tango.
7. Una metrópolis moderna en Asia que tiene muchos habitantes.
8. Su catedral es el punto final de un camino famoso en el norte de España.

- [ ] Ámsterdam
- [ ] Buenos Aires
- [ ] París
- [ ] Múnich
- [ ] La Habana
- [ ] Viena
- [ ] Santiago de Compostela
- [ ] Tokio

b. Ahora identifica las ciudades por las imágenes y escribe el nombre de cada una.

a. ....

b. ....

c. ....

d. ....

e. ....

f. ....

g. ....

h. ....

c. Añade información de cada una de estas ciudades. Si lo necesitas, puedes consultar la información en internet.

a. ....
b. ....
c. ....
d. ....
e. ....
f. ....
g. ....
h. ....

14 ¿Cómo se llaman estos lugares?

1. Donde se espera al taxi o al autobús.
2. Lugar de trabajo de médicos y enfermeras.
3. Tienda que vende naranjas, manzanas, plátanos...
4. Aquí los turistas pasan la noche.
5. Lugar verde, con bancos y muchos árboles.
6. Lugar importante para las finanzas y el dinero.
7. Para comprar medicamentos se puede ir a una...
8. Vamos a este lugar cuando queremos comer.
9. Tienda que vende pan y cruasanes.
10. Lugar de cultura, aquí trabajan actores y actrices.
11. Calle grande e importante.

Solución: ....

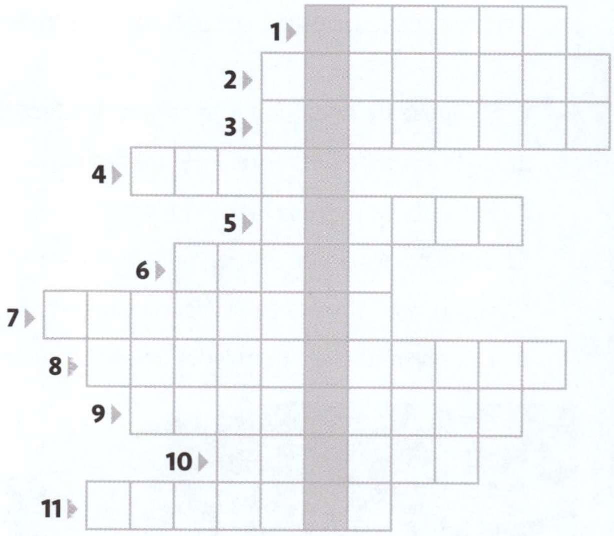

15 ¿Qué verbo se puede usar para combinar con estas palabras o expresiones?

1. ....
en coche
a la playa
de compras

2. ....
un café
el aperitivo
el autobús

3. ....
todo recto
por esta calle
hasta la próxima parada

Tomar algo

En español es correcto decir **beber un café**, pero se prefiere **tomar**.

- ¿Tomamos un café?

16 Completa la tabla de estos verbos irregulares con las formas verbales de las etiquetas y añade las que faltan.

voy	pueden	pedís	sigo	prefieres	van	podemos	seguís	pide	preferimos

	IR	PEDIR	SEGUIR	PREFERIR	PODER
yo					
tú					
él, ella, usted					
nosotros/as					
vosotros/as					
ellos, ellas, ustedes					

17 a. Elige la opción adecuada.

1. ▢ El hotel Colón no **es / está / hay** lejos.
   ▢ La estación **es / está / hay** enfrente de correos.

2. ▢ En la Plaza de España **es / está / hay** un banco y un museo.
   ▢ El banco **es / está / hay** enfrente del museo.

3. ▢ La persona busca la estación de autobuses.
   ▢ La estación de trenes **es / está / hay** lejos.
   ▢ Tiene que **seguir / tomar / girar** la primera calle a la derecha.
   ▢ Luego tiene que **pedir / poder / girar** a la izquierda.

b. 30 – **Escucha tres conversaciones en la calle y marca qué afirmaciones de a se aplican.**

18 Mira la imagen de esta ciudad y decide qué información es correcta y cuál es incorrecta. Luego corrige la información incorrecta.

	VERDADERO	FALSO
1. El Museo de Arte Moderno está en la Plaza de España.	☐	☐
2. En la Avenida Cervantes hay una farmacia.	☐	☐
3. Enfrente de correos hay una frutería.	☐	☐
4. El Teatro Nacional está en la calle Mayor, al lado del cine.	☐	☐
5. Hay una biblioteca en el Paseo de las Acacias, a la derecha de correos.	☐	☐
6. La universidad está enfrente del restaurante.	☐	☐

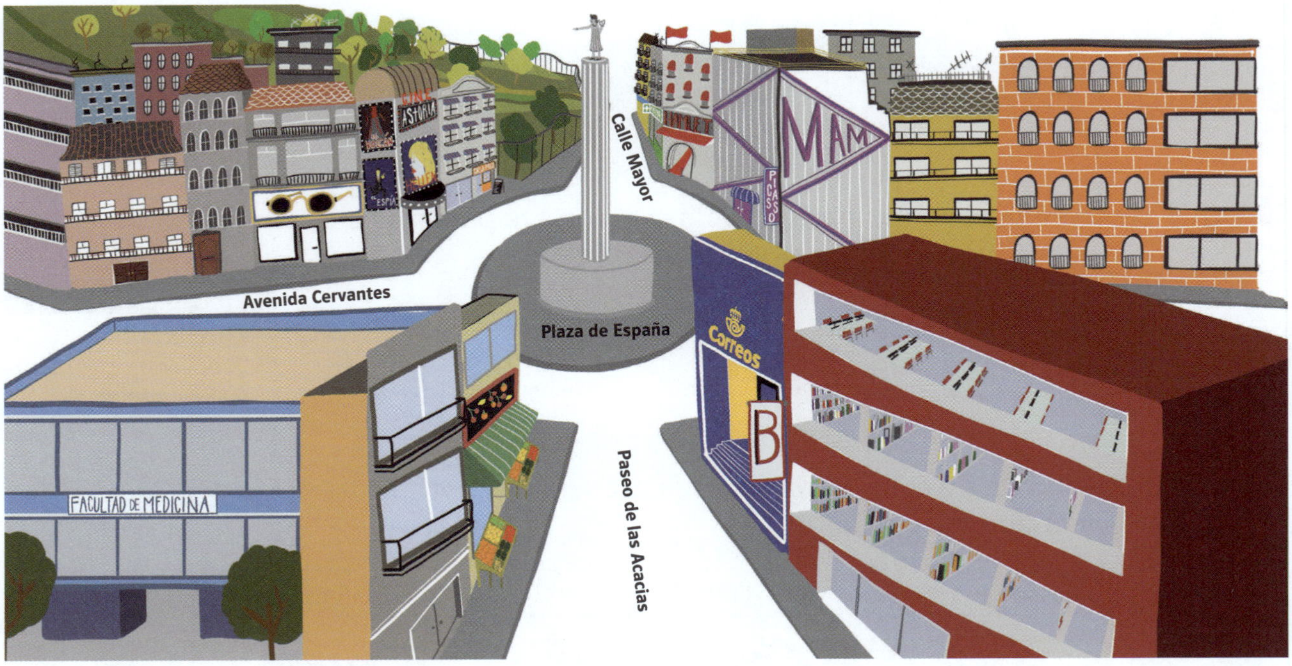

19 Corrige los errores que hay en estas frases con las palabras de la columna derecha.

1. En el barrio de Santa Cruz **están** muchos bares. ☐
2. Mis padres **son** en Barcelona. ☐
3. ¿Se **puede** comprar sellos en el hotel? ☐
4. Sevilla **está** una ciudad con mucho ambiente. ☐
5. Medellín **es** en Colombia, ¿verdad? ☐
6. ¿Tengo que cambiar **para** la línea verde? ☐
7. La farmacia está al lado **con** la perfumería. ☐
8. **En** el domingo hacemos una excursión. ☐

a. de
b. –
c. hay
d. pueden
e. a
f. está
g. es
h. están

20 Panamericana: Colombia. Responde y, luego, comprueba tus respuestas con el texto de las páginas 82 y 83 de la Edición para estudiantes.

1. ¿Cuales son las tres pasiones de los colombianos y colombianas?
2. ¿De qué ciudad colombiana es la cantante Shakira?
3. ¿Cómo se llama la ciudad colombiana famosa por su carnaval?
4. ¿Dónde vive la mayoría de la gente en Colombia?
5. ¿Qué diferencia hay entre calles y carreras?
6. ¿Cómo se llama el pintor y escultor colombiano famoso por sus figuras gordas?

MUNDO PROFESIONAL

21 **Lee las direcciones y completa la lista con las abreviaturas que se usan frecuentemente.**

....	señor	Pl.	plaza
....	señora	dcha.	derecha
Sres.	señores	....	izquierda
....	avenida	....	número
....	calle	....	primero

22 **a.** **Una semana con mucho estrés. Anota lo que tiene que hacer Nuria Ribas esta semana.**

	LUN	MAR	MIE	JUE	VIE	SAB	DOM
8:00 - 10:00	Llamar a Marc Martí	¡Banco!	9:00 Reunión G. Vargas	Preparar presentación Berlín		Supermercado	
10:00 - 12:00						Cumpleaños Daniel	
12:00 - 14:00			Clase de alemán		Congreso Berlín		Comida con mamá
14:00 - 16:00							
16:00 - 18:00				Taxi aeropuerto			
18:00 - 20:00	18:00 dentista	Curso de yoga				Cine con Sara	

El lunes por la mañana tiene que llamar a Marc Martí y a las seis de la tarde...

b. **Marca en la agenda de Nuria las citas profesionales de la semana.**

PRONUNCIAR BIEN

23 **a.** **La acentuación de los verbos. Lee el texto y comenta las dudas en clase.**

Ya conoces los verbos regulares terminados en -**ar**, -**er**, -**ir**, los verbos irregulares con cambio vocálico (**e→ie**, **o→ue**, **e→i**) y sabes que las terminaciones de los verbos de un grupo son iguales. Por eso es suficiente aprender las terminaciones para poder conjugar muchos más. Sin embargo, frecuentemente nos concentramos en la terminación y la acentuamos, pero solo es correcto en la 1.ª y 2.ª persona del plural. Recuerda que las sílabas que sufren un cambio vocálico se acentúan siempre. Por ejemplo: **quiero**, **prueba**, **siguen**.

b. 31 – **Lee las formas verbales y marca la sílaba acentuada. Luego escucha y comprueba.**

sigo – sigues – sigue – seguimos – seguís – siguen
puedo – puedes – puede – podemos – podéis – pueden
prefiero – prefieres – prefiere – preferimos – preferís – prefieren

AUTOEVALUACIÓN

YA SÉ...			
... describir una ciudad: Mi ciudad es ________ . Hay ________ .	☐	☐	☐
... preguntar y decir dónde se encuentra algo: ¿ ________ un banco por aquí? El teatro ________ en la plaza.	☐	☐	☐
... pedir información en la oficina de turismo: ¿Sabe si ________ ? ¿Dónde ________ ?	☐	☐	☐
... indicar el orden de algo: Primero, ________	☐	☐	☐
... describir el camino con medios de transporte: Voy en ________ al trabajo.	☐	☐	☐
... describir el camino: ↱ ________ ↰ ________ ↑ ________	☐	☐	☐
... nombrar los días de la semana: lunes, ________	☐	☐	☐
... indicar la posición de algo: ________ , ________ , ________	☐	☐	☐
... decir con qué frecuencia se hace algo: una vez ________ semana, ________	☐	☐	☐
... conjugar el verbo ir y los verbos con cambio de vocal e → i: yo voy ________ yo sigo ________			

7 EL PLACER DE VIAJAR

Comunicación
- Reservar una habitación de hotel
- Pedir información
- Expresar acuerdo y desacuerdo: **A mí también**, **A mí tampoco**, **(Pues) A mí sí**, **(Pues) A mí no**
- Expresiones de frecuencia
- Marcadores temporales
- Dirigirse a alguien para reclamar, disculparse, aceptar disculpas
- **MUNDO PROFESIONAL**
  Los planes

Léxico
- Tipos de alojamiento y servicios
- El ocio y el turismo
- Reclamaciones

Gramática
- Los pronombres de objeto indirecto
- **Mucho/a/os/as, muy, mucho**
- Los verbos irregulares con **-g-** en la primera persona
- El pretérito perfecto
- Los participios irregulares
- **PRONUNCIAR BIEN**
  Los sonidos /p/, /t/ y /k/

Cultura
- Cuba
- **PANAMERICANA**
  Ecuador

1 ¿Qué cosas te gusta hacer cuando estás de vacaciones?

ver monumentos | visitar museos | ir a la playa | ver una galería de arte | no hacer nada | pasear por el centro histórico | hacer senderismo | subir una montaña | nadar | tomar el sol | practicar deporte | ir a un concierto | ir en bicicleta | probar la comida típica | dormir en hoteles de 5 estrellas | ir de *camping* | alquilar un coche | dormir

ME ENCANTA	ME GUSTA	NO ME GUSTA

2 Lee las respuestas del/de la recepcionista de un hotel y formula posibles preguntas del/de la cliente/a.

- ● ....
- ■ Sí, tenemos una individual con baño.
- ● ....
- ■ No, es exterior, pero la calle es muy tranquila.
- ● ....
- ■ 90 euros.
- ● ....
- ■ No, lo siento, no está incluido en el precio.
- ● ....
- ■ Claro, está detrás del hotel.
- ● ....
- ■ Por supuesto, con sauna y *jacuzzi*.

3 Lee y elige la opción correcta.

- ● ¿Tienen ustedes ya alguna idea sobre el viaje? ¿Qué **les / los** gusta más, el mar o la montaña?
- ■ A nosotros **- / nos** encanta la montaña, claro.
- ♦ ¿Cómo que "claro"? ¡Tú sabes que a mí no **me / mí** gusta nada la montaña! Y a los niños **los / les** gusta el mar.
- ■ ¡Qué dices! A Juan **le / lo** encanta caminar.
- ♦ Sí, caminar **se / le** gusta mucho, pero en la playa.
- ■ Bueno, bueno, pero a Félix y a mí **me / nos** encanta pasear por la montaña.
- ♦ ¡Pero Antonio! A Félix solo **le / te** interesa ir a la montaña con sus amigos...
- ● No se preocupen. Tengo una opción ideal para su viaje...

4 Completa las frases con los pronombres que faltan.

1. A Nina .... encanta el nuevo programa informático, pero yo lo encuentro muy difícil, ¿y tú?
2. A mí .... encanta trabajar con música, pero no es posible en la oficina.
3. A mi compañera y a mí no .... gusta mucho la nueva oficina.
4. ¿A ti no .... molesta el ruido de la calle para trabajar?
5. ¿A vosotros .... interesa esta presentación?
6. ¿A ti .... gusta el nuevo catálogo? ¡A mis colegas .... encanta!
7. A mi jefa solo .... interesan los resultados de ese proyecto.
8. A mis jefes no .... gusta comer en la oficina.

5 a. 32 – Escucha los diálogos y anota el orden.

- ☐ comer mucho ajo
- ☐ comprar un cuadro
- ☐ ir en avión
- ☐ hacer senderismo
- ☐ ir a la sauna
- ☐ probar un vino

b. 32 – **Escucha los diálogos otra vez y marca si las personas tienen gustos iguales o diferentes.**

	1	2	3	4	5	6
= gustos iguales	☐	☐	☐	☐	☐	☐
≠ gustos diferentes	☐	☐	☐	☐	☐	☐

6 Escribe dos posibles reacciones para estas frases según la información de los iconos.

1. A mí me encanta ir en bicicleta.
   - ☺ ....
   - ☹ ....
2. Tengo un trabajo muy interesante.
   - ☺ ....
   - ☹ ....
3. No me gusta comer carne.
   - ☺ ....
   - ☹ ....
4. Quiero pasar las vacaciones en casa.
   - ☺ ....
   - ☹ ....

7 Marca las opciones correctas para completar las preguntas.

1. ¿Dónde puedo alquilar...?
   - ☐ una bicicleta
   - ☐ un coche
   - ☐ una sombrilla
   - ☐ un bocadillo
2. Por favor, quería...
   - ☐ un billete.
   - ☐ una semana.
   - ☐ una ensaimada.
   - ☐ una cama extra.
3. ¿A qué hora sale el próximo...?
   - ☐ tren
   - ☐ taxi
   - ☐ autobús
   - ☐ avión
4. ¿Está incluido/a...?
   - ☐ el / la camarero/a
   - ☐ el desayuno
   - ☐ la vuelta
   - ☐ la comida
5. ¿Me puede decir dónde hay un/a...?
   - ☐ parada de taxis
   - ☐ aire acondicionado
   - ☐ mercado
   - ☐ oficina de correos
6. ¿Nos ponen... para nuestro hijo?
   - ☐ una cama
   - ☐ una cocina
   - ☐ una silla
   - ☐ una bicicleta

8 **a.** ¿Cuáles son las ventajas de alojarse en un apartamento o en casa de una familia?

	APARTAMENTO	CASA DE UNA FAMILIA
1. Salgo cuando quiero, también por la noche.	☐	☐
2. Invito a mis amigos/as a dormir.	☐	☐
3. No tengo que cocinar.	☐	☐
4. No tengo que dar explicaciones si no quiero comer.	☐	☐
5. Pongo la música que me gusta.	☐	☐
6. Tengo que seguir las reglas de la casa.	☐	☐
7. Puedo hablar con gente en las comidas.	☐	☐

b. Y tú, ¿qué prefieres? Coméntalo con un/a compañero/a.

- *Prefiero vivir con una familia porque...*

9 **a.** ¿Qué actividades has hecho muchas veces, alguna vez o nunca? Clasifica las palabras y expresiones de las etiquetas.

bailar salsa | dormir en la playa | pasar las vacaciones en un hotel rural | ir en moto | nadar en el Mediterráneo | hacer senderismo en los Pirineos | comer ensaimadas | hacer una excursión por una isla | trabajar el domingo | escuchar un concierto al aire libre | reservar un hotel en una agencia de viajes | hacer un viaje organizado

MUCHAS VECES	ALGUNA VEZ	NUNCA

b. Ahora, compara tus respuestas con otras personas.

- *Yo he bailado salsa muchas veces.*
- *Pues yo nunca he dormido en la playa.*

10 **a.** Completa con los verbos de las etiquetas en pretérito perfecto.

alquilar | conocer | escribir | estar | gustar | hacer (× 2) | pensar | ser | ver

1. ☐ Josefina y Sonia ______________ en Cuba.
2. ☐ (Ellas) ______________ a muchas personas simpáticas.
3. ☐ El viaje ______________ muy bonito.
4. ☐ Josefina y Sonia ______________ un coche.
5. ☐ Y ______________ toda la isla.
6. ☐ Ellas ______________ muchas postales.
7. ☐ Y ______________ muchas fotos.
8. ☐ Les ______________ mucho el Ballet Nacional de Cuba.
9. ☐ Ellas ______________ un curso de baile.
10. ☐ Josefina no ______________ mucho en su exmarido.

b. 33 – Escucha la descripción del viaje y marca las dos frases de 10 a. que no son correctas.

11 Completa este texto sobre La Habana con muy, muchos/a/os/as.

Actualmente, ______ turistas van a Cuba porque hay ofertas ______ buenas. ______ gente visita la capital, La Habana, una ciudad ______ alegre.
En ______ barrios de la ciudad hay casas que son ejemplos maravillosos de arquitectura colonial.
La Habana tiene ______ hoteles y también ______ museos y galerías de arte.
El barrio de El Vedado es ______ antiguo y para ______ cubanos es el centro de la vida de la ciudad.
Tiene ______ tiendas y discotecas y también ______ bares y restaurantes. Otro lugar ______ famoso es el malecón. A los turistas les gusta ______ pasear por esta avenida junto al mar Caribe.

12 Lee las frases y elige la reacción adecuada.

1. Me gustan los hoteles con gimnasio. ☐
2. Muchas gracias, señor, muy amable. ☐
3. Lo siento. Ha sido un error. ☐
4. No me interesa el arte moderno. ☐
5. ¿Quiere algo más? ☐
6. ¿Qué tal? ☐

a. A mí tampoco.
b. No, gracias. ¿Cuánto es?
c. No pasa nada.
d. De nada.
e. Bien, ¿y tú?
f. A mí no.

13 ¿Cómo reaccionas en estas situaciones? Utiliza expresiones para reclamar.

1. Has reservado una habitación con vistas al mar, pero te dan una que da a la calle.

____
____

2. Te dan un bocadillo de queso, pero has pedido uno de jamón.

____
____

3. Has reservado tres entradas para el teatro. Te dan solo dos.

____
____

4. Has alquilado un coche. El aire acondicionado no funciona.

____
____

5. Estás en un hotel y te quieres duchar, pero no hay agua caliente.

____
____

14 Escribe todas las combinaciones posibles con las palabras de las etiquetas.

fotos | senderismo | una bicicleta | una habitación | una excursión | la cama | un apartamento | la maleta | café | deporte | una mesa | un coche | entradas para el teatro | un viaje

reservar: ……

hacer: ……

alquilar: ……

15 Completa las frases con las palabras de las etiquetas. Después, marca si corresponden a un/a cliente (C) o un/a empleado/a de hotel (E).

un error | coche | entradas para el teatro | formulario | vistas al mar | el desayuno | un técnico | un problema

1. ¿Dónde puedo comprar …… ? ☐
2. Lo siento, ha sido …… . ☐
3. ¿Está incluido …… ? ☐
4. Perdone, ahora mismo viene …… . ☐
5. Mire, es que tenemos …… . ☐
6. ¿Dónde podemos alquilar un …… ? ☐
7. ¿Puede completar este …… ? ☐
8. Queremos una habitación con …… . ☐

16 ¿Qué palabra no pertenece a cada grupo? ¿Por qué?

1. costa | montaña | naturaleza | río
2. hotel | alojamiento | pensión | *camping*
3. jardín | piscina | bañera | terraza
4. cama | dormitorio | salón | cocina
5. silla | mesa | sofá cama | mueble
6. avión | medio de transporte | bicicleta | tren

17 Completa la tabla.

GUSTAR		
A mí	……	
A ti	……	
A él / ella / usted	……	gusta viajar.
A nosotros/as	……	gusta**n** los viajes.
A vosotros/as	……	
A ellos / ellas / ustedes	……	

18 Lee estos folletos de viajes y relaciona.

- ☐ vuelo incluido
- ☐ pensión completa
- ☐ hotel de 3 estrellas
- ☐ viaje en grupo
- ☐ viaje en barco
- ☐ visitas guiadas
- ☐ desayuno incluido
- ☐ traslado desde el aeropuerto

#1

Descubrir Guatemala

Un país casi desconocido, pero lleno de sorpresas. No te pierdas la excursión en barco por el lago Atitlán y la visita a la ciudad colonial de Antigua. El viaje incluye avión, traslados en autobús con aire acondicionado, alojamiento, guía profesional para grupos, visitas y seguro. Reserva en agencias.

#2

Crucero mediterráneo

Ocho días en el barco Costa Mágica. El crucero incluye siete noches en habitación doble con baño, pensión completa, posibilidad de visitar Marsella, Palermo y Palma de Mallorca. La salida se realiza desde Barcelona todos los lunes y los jueves del mes de junio.
Reserva: Viajes Crucemar.

#3

Barcelona en moto

¿Te gusta Barcelona y te encantan las motos? ¡Enhorabuena! Este es tu paquete regalo ideal. El hotel Prestige (3*) te ofrece tres noches en habitación individual, desayuno, taxi desde el aeropuerto o *parking* gratuito más el alquiler de una moto para un día completo.
www.prestigehotels.com

19 Completa la tabla.

	ACUERDO	DESACUERDO
• Viajo mucho. • Me gusta Cuba.	■ Yo también. ■	♦ .... ♦ A mí no.
• No bebo café. • No me gusta el jazz.	■ .... ■ A mí tampoco.	♦ Yo sí. ♦ ....

20 Completa la tabla con los verbos en presente.

	HACER	PONER	SALIR	TRAER	DECIR	VENIR
yo	hago	....	....	....	....	....
tú	....	....	sales	....	....	vienes
él, ella, usted	....	....	....	....	dice	....
nosotros/as	....	....	....	traemos	decimos	....
vosotros/as	....	ponéis	....	....	decís	venís
ellos, ellas, ustedes	....	....	....	....	dicen	vienen

21 Completa la tabla con las formas del verbo haber y las terminaciones de los participios.

	HABER EN PRESENTE	PARTICIPIO	
yo	....		
tú	....		
él, ella, usted	....	viaj........	verbos en -**ar**
nosotros/as	....	com........	verbos en -**er**
vosotros/as	....	viv........	verbos en -**ir**
ellos, ellas, ustedes	....		

22 Completa con el infinitivo o el participio irregular.

abrir	....	escribir	....	ir
abierto	dicho	....	hecho	....
....	poner	....	ver	....
leído	....	sido	....	vuelto

23 Completa las frases con muy, mucho/a/os/as.

1. Hemos viajado .... en autobús, que aquí se llama guagua.
2. El tiempo pasa .... rápido, mañana ya tenemos que tomar el barco para volver a Barcelona.
3. En el norte de la isla hay .... rutas para hacer senderismo.
4. Las ciudades mayas nos han impresionado ....
5. Tienes que probar las ensaimadas, un dulce .... rico, típico de aquí.
6. Hemos probado el ron, pero no nos gusta .... y los cigarros tampoco.
7. A .... gente le encanta la capital con su centro histórico y su catedral con vistas al mar.
8. Todavía no he comprado .... regalos y tengo .... poco tiempo.

24 Lee y marca todas las opciones correctas.

1. • Me encantan los viajes organizados.
   ▪ ☐ Yo también.
   ▪ ☐ A mí no.
   ▪ ☐ A mí también.
2. • En las vacaciones hago deporte.
   ▪ ☐ Yo también.
   ▪ ☐ Yo no.
   ▪ ☐ Yo sí.
3. • No me gustan los hoteles muy grandes.
   ▪ A mí tampoco.
   ♦ ☐ A mí también.
   ♦ ☐ A mí sí.
   ♦ ☐ Pues yo no.
4. • Esta semana he descansado mucho.
   ▪ ☐ Yo sí.
   ▪ ☐ Yo no.
   ▪ ☐ Yo también.
5. • Mi marido y yo no viajamos mucho.
   ▪ ☐ Nosotros sí.
   ▪ ☐ Nosotros no.
   ▪ ☐ Nosotros tampoco.
6. • Me interesa mucho el arte moderno.
   ▪ A mí también.
   ♦ ☐ A mí también.
   ♦ ☐ Yo no.
   ♦ ☐ Yo tampoco.

25 Panamericana: Ecuador. Completa y, luego, comprueba con el texto de las páginas 96 y 97 de la Edición para estudiantes.

1. Ecuador es el .... productor .... en Latinoamérica.
2. Las haciendas son ....
3. Las haciendas de la ruta del cacao ofrecen ....
4. Las islas Galápagos están en el .... , a casi 1000 km del continente.
5. En las islas Galápagos hay ....
6. Por Catequilla pasa ....
7. La ciudad más grande de Ecuador es ....
8. Hay que visitar Quito porque ....

MUNDO PROFESIONAL

26 Estos son los planes de Elisa en su primer día de vacaciones. Escribe qué ha hecho ya y qué no ha hecho todavía.

✓ tomar un café en el jardín
enviar un mensaje a Bea
✓ dormir la siesta
comprar unas gafas de sol
✓ hacer deporte
✓ volver a la tienda y cambiar el regalo
llamar por teléfono a los padres
✓ escribir un correo al jefe
hacer la comida
✓ ver un reportaje sobre La Habana
leer el periódico
✓ jugar con los niños al fútbol

Elisa ya ha tomado...

PRONUNCIAR BIEN

27 a. Los sonidos /p/, /t/ y /k/. Lee el siguiente texto y comenta las dudas en clase.

En algunas lenguas, la pronunciación de las consonantes **/p/**, **/t/**, **/k/** es aspirada, es decir, se pronuncian con un ligero soplo de aire. En español, no. Pronuncia las palabras **papá**, **tomate** y **kilo** con la palma de la mano a 10 cm de la boca. ¿Notas el soplo en la palma? Intenta pronunciarlas sin que se note nada.

b. 34 – Lee y escucha los siguientes trabalenguas y repítelos.

Poquito a poquito Paquito empaca poquitas copitas en poquitos paquetes.

Compro pocas copas, pocas copas compro y como compro pocas copas, pocas copas pago.

Que si patatín, que si patatán.

AUTOEVALUACIÓN

YA SÉ...	👍	✋	👎
... reservar una habitación de hotel: ¿Tienen ....?	☐	☐	☐
... expresar preferencias: A mí me gusta	☐	☐	☐
... expresar acuerdo y desacuerdo: A mí	☐	☐	☐
... pedir información: ¿Dónde puedo ....?	☐	☐	☐
... contar experiencias en el pasado: Esta semana he ido	☐	☐	☐
... reclamar y disculparme: Perdone, ...	☐	☐	☐
... usar los pronombres de objeto indirecto: A mis padres no .... gusta la playa.	☐	☐	☐
... conjugar verbos irregulares con -g- en la primera persona: yo hago, ...	☐	☐	☐
... formar el pretérito perfecto: he visitado, ...	☐	☐	☐
... diferenciar muy y mucho: Tengo .... colegas .... simpáticos. Los quiero	☐	☐	☐

8 MIRADOR

Unidad de repaso

1 Lee el correo y marca la palabra correcta en cada caso.

Mensaje nuevo

Querido Matías:

Por fin [1] en Valencia. El viaje ha sido [2] largo, porque desde el aeropuerto de Barcelona a Valencia he ido [3] autobús.

La pensión me gusta [4] y para comer no hay problema porque al lado [5] un bar. Pero también [6] ir al centro en diez minutos a pie.

Como [7] interesa la historia [8] he visitado el Monasterio de Puig. Pero ya sabes que también me gusta la naturaleza, por eso el fin de semana [9] hacer una excursión al parque natural de La Albufera, que [10] a pocos kilómetros de la ciudad.

¡Hasta pronto!

Alejandro

1. ☐ estoy ☐ soy
2. ☐ muy ☐ mucho
3. ☐ en ☐ con
4. ☐ muy ☐ mucho
5. ☐ está ☐ hay
6. ☐ se puede ☐ se puedo
7. ☐ me ☐ se
8. ☐ todavía ☐ ya
9. ☐ quiero ☐ tengo
10. ☐ es ☐ está

2 35 - Lee primero las frases y escucha cada texto dos veces. Luego marca si las frases son verdaderas (V) o falsas (F). Corrige las frases falsas.

1. Estás en el aeropuerto y quieres tomar un avión para ir a París. Escucha lo que dicen:
   ☐ Tienes que ir a la puerta C58.
2. Preguntas a alguien en la calle cómo puedes ir a la catedral. Escucha lo que te dicen:
   ☐ No está muy cerca, pero se puede ir a pie.
3. Preguntas en un hotel por el desayuno. Escucha lo que te dicen:
   ☐ El desayuno se puede tomar en la cafetería.
4. Preguntas en un restaurante cómo son las albóndigas. Escucha lo que te dicen:
   ☐ Las albóndigas de la casa llevan poco ajo.

3 36 - **Lee primero las respuestas a-e y escucha las preguntas 1-4 dos veces. Luego relaciona cada pregunta con la respuesta adecuada.**

1. ☐
2. ☐
3. ☐
4. ☐

a. No pasa nada.
b. A mí tampoco.
c. A mí no.
d. Yo también.
e. No, eso es todo.

4 Lee el texto y marca si las frases son verdaderas (V) o falsas (F).

UNIVERSIDAD DE VALENCIA
CURSOS DE ESPAÑOL

Queridos estudiantes:

Este domingo ofrecemos una excursión al Monasterio del Puig y todavía hay plazas libres. El autobús sale a las 9.30 de la puerta de la universidad. Si somos un grupo de más de veinte, la entrada cuesta solo cinco euros con el carné de estudiante. Si no, la entrada cuesta siete euros.

¡Hasta mañana!
Los profesores Ana Rodríguez y Enrique Cuesta

1. ☐ Todos los estudiantes de español visitan el domingo el monasterio.
2. ☐ Hay un precio especial para grupos.
3. ☐ La visita normal cuesta cinco euros.

5 A tu amigo Gabriel le interesa hacer un curso de español en la Universidad de Valencia. Ayúdale a escribir el correo.

Quiere saber:
- cuándo empieza el curso por la mañana
- si ofrecen excursiones
- si hay habitaciones individuales

Mensaje nuevo

Estimados señores:

Me llamo Gabriel Lindberg y me interesan los cursos de español de la Universidad de Valencia, pero tengo algunas preguntas. Primero...

9 CAMINANDO

Comunicación

- Hablar de la ropa y los colores
- Hablar de los materiales
- Señalar algo
- Describir la rutina diaria
- Describir un proceso
- Dar consejos
- Comparar algo
- Hablar del clima
- **MUNDO PROFESIONAL**
  Recomendaciones para hacer una entrevista de trabajo
  Consejos para el primer día de trabajo

Léxico

- La ropa
- Los colores
- Los materiales
- El clima

Gramática

- La comparación
- Los verbos reflexivos
- El verbo **conocer** en presente
- El OD de persona
- Los demostrativos
- **Estar** + gerundio
- Algunos gerundios irregulares
- **PRONUNCIAR BIEN**
  La **e** final

Cultura

- El Camino de Santiago
- Los Picos de Europa
- **PANAMERICANA**
  Perú

1 ¿Con qué color asocias las siguientes cosas? Clasifícalas según el color correspondiente. ¿Puedes añadir una cosa más a cada color?

tomate	café	limón	plátano	lechuga	mar
azúcar	ajo	sol	piscina	árbol	noche
cielo	leche	gazpacho	manzana	pan	
selva	chocolate	maíz	aceituna	tabaco	

BLANCO	AMARILLO	ROJO	AZUL	VERDE	MARRÓN	NEGRO

2 ¿Qué hay en tu armario? Relaciona los elementos de las tres columnas para formar posibles combinaciones. Ten en cuenta la concordancia de las terminaciones.

un una unos unas muchos muchas	camiseta anorak sombrero pantalones falda camisa sandalias zapatos jersey gafas de sol blusa abrigo	

Tengo un sombrero marrón y muchas camisetas blancas.

3 Lee las frases y averigua los datos de estos tres hombres.

1. Uno de los hombres tiene 24 años.
2. El que tiene 18 años es estudiante.
3. Juan Carlos tiene 45 años.
4. Dos son morenos y uno es rubio.
5. El menor de los tres lleva una camiseta blanca.
6. Bruno es más joven que Rubén.
7. El informático lleva una chaqueta verde.
8. El rubio tiene 24 años.
9. El camarero lleva una camisa roja.
10. El mayor es informático.

Mayor, menor

Mayor y **menor** también se usan en relación con la edad.
- el mayor = el que tiene más edad
- el menor = el que tiene menos edad

	NOMBRE	EDAD	PROFESIÓN	ROPA	PELO
1.					
2.					
3.					

4 Completa las frases con ayuda de los datos de la tabla. ¿Crees que son datos reales?

	Buenos Aires	México	Lima	Madrid	Nueva York
Hamburguesa	2.39 $	2.81 $	2.93 S/	3.76 €	4.93 $
Billete de autobús	0.40 $	0.41 $	0.40 S/	1.65 €	2.20 $
10 minutos en taxi	1.15 $	1.10 $	1.28 S/	3.95 €	4.67 $
Entrada de cine	8.58 $	3.58 $	4.90 S/	9.45 €	11.00 $
Litro de leche	1.24 $	1.13 $	1.22 S/	0.90 €	0.86 $

1. Una entrada de cine es .... cara en Buenos Aires .... en Madrid.
2. Un litro de leche cuesta .... en México .... en Nueva York.
3. Las hamburguesas .... caras se comen en Nueva York.
4. Un billete de autobús es .... barato en Lima .... en Buenos Aires.
5. Un viaje en taxi de diez minutos cuesta .... en Buenos Aires .... en Lima.
6. Nueva York es la ciudad .... cara para viajar en autobús.
7. El viaje en taxi .... caro se puede hacer en México.
8. En Buenos Aires se pueden comer las hamburguesas .... baratas.

5 37- Escucha las experiencias de estos peregrinos y, después, completa las frases.

1. Los peregrinos se llaman .... y ....
2. Él es .... y ella es ....
3. Recorrer el camino ha sido maravilloso, pero también ....
4. Para ella, la última etapa ha sido ...., pero para él la que va de Astorga a Ponferrada.
5. La etapa más dura ha sido para ella ...., pero para él ....
6. La etapa entre Burgos y Carrión de los Condes es ....

6 Escribe el sustantivo o el verbo correspondiente.

VERBO	SUSTANTIVO	SUSTANTIVO	VERBO
almorzar	el almuerzo	la cena	
desayunar		la bebida	
comer		el viaje	
cocinar		el trabajo	
ducharse		la ida	
entrar		la vuelta	

7 a. Completa las frases y escribe las horas en letras.

1. 8.00 levantarse
A las ocho se levanta.
2. 8.10 ducharse
3. 08.25 desayunar
4. 08.45 ir a la universidad
5. 14.00 comer
6. 17.00 volver a casa
7. 19.30 hacer deporte
8. 22.30 acostarse

b. 38 - Escucha y anota las cosas que Miguel ha hecho diferente hoy.

Hoy se ha levantado a las doce.

8 Relaciona los elementos de las columnas para formar posibles preguntas.

¿Cómo	acostarse	en el examen?
¿A qué hora	levantarse	en el sofá?
¿Es verdad que	cansarse	los fines de semana?
¿Siempre	ducharse	en las excursiones?
¿Cuándo	concentrarse	antes del desayuno?
¿Por qué	relajarse	en el trabajo?
¿Por qué no	aburrirse	todos los días?
	sentarse	después de comer?

Antes, después
- antes de la comida = antes de comer
- después de la comida = después de comer

- ¿Cómo te concentras en el examen?
-
-
-
-
-
-

9 Tacha la preposición a cuando sobra.

Querido Alberto:

¿Qué tal estás? Ya hemos llegado a Sevilla y hemos visitado a Rosa, la hermana de Juan. Tiene a tres hijos muy simpáticos y por fin he conocido a su marido. También hemos visitado a monumentos famosos, por ejemplo, a la Giralda, y hemos comido a unas cosas deliciosas, porque Rosa conoce a los mejores bares. Mañana hacemos una excursión a la costa para conocer a los pueblos de la región y queremos probar a la cocina tradicional. ¡Ah! A la niña le he comprado unos zapatos para bailar flamenco y a ti también te llevamos a un regalo.

Besos,

Manolo y Celia

La preposición a

Delante del objeto directo va una **a** cuando se trata de una persona, a excepción del verbo **tener**.

- ¿Conoces **a** mi marido?
- Tengo ~~a~~ dos hijos.

Recuerde que **a** se usa en muchos casos más, por ejemplo con el objeto indirecto o para indicar la dirección.

10 Lee estos diálogos y relaciónalos con los dibujos.

1.
- Me encantan **esos** pantalones.
- ■ A mí también, pero tengo muchos. Mira, **esta** chaqueta es muy bonita.
- Sí, ¿cuánto cuesta?

2.
- ¿Has visto **esos** pantalones? Son bonitos, ¿verdad?
- ■ Sí, y **esa** chaqueta tampoco está mal.

3.
- ¿Te gustan **estos** pantalones?
- ■ No mucho, la verdad. ¿Qué tal **esta** chaqueta?
- Me gusta, pero es muy cara.

11 39 - Escucha las siguientes frases y marca de qué están hablando.

1. ☐ unos pantalones ☐ una mochila

2. ☐ unos espaguetis ☐ un bocadillo

3. ☐ un autobús ☐ una chica

4. ☐ una tarta ☐ un café

5. ☐ unos zapatos ☐ unas camisetas

6. ☐ un anorak ☐ una falda

12 Lee y completa las frases con estar + gerundio en la persona adecuada. Recuerda que hay varias opciones en el orden de los pronombres.

1.
- ¿Puedo hablar con Jorge?
- ■ Lo siento, en este momento no. Es que .... (DUCHARSE).

2.
- Chicos, ¿estáis preparados para la excursión?
- ■ Sí, ya .... (PONERSE) los zapatos y el anorak.

3.
- ¿Vienen los niños a comer?
- ■ Sí, vienen enseguida. .... (LAVARSE) las manos.

4.
- ¿No es Juan, el novio de Teresa?
- ■ ¿Quién? ¿El chico que .... (LEVANTARSE)?

13 Estás en una tienda y quieres comprar un jersey. Completa el diálogo.

- Buenos días. ¿En qué puedo ayudarle?
- ▪ ....
- ¿De qué color lo quiere?
- ▪ ....
- ¿Le gusta este?
- ▪ ....
- ¿Y este verde?
- ▪ ....
- ▪ Lo siento, pero solo lo tenemos en verde.
- ▪ ....
- 39 euros.
- ▪ ....

14 ¿Qué están haciendo estas personas?

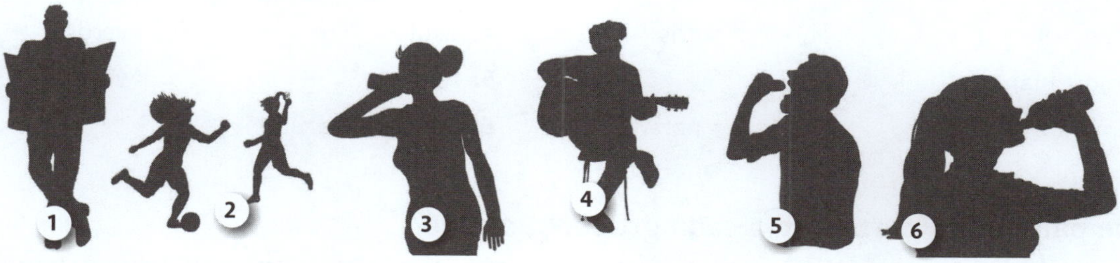

1. *Está leyendo el periódico.*

15 María y su familia salen de viaje. Contesta a las preguntas en pretérito perfecto y con estar + gerundio, como en el ejemplo. Fíjate en la posición del pronombre en cada caso.

1. • María, ¿has hecho ya las maletas?
   ▪ *Sí, ya las he hecho.*
   Estoy haciéndolas. / Las estoy haciendo.
2. • ¿Se han duchado ya los niños?
   ▪ ....
3. • Pedro, ¿has hecho ya el desayuno?
   ▪ ....
4. • ¿Los niños han preparado ya sus mochilas?
   ▪ ....
5. • María, ¿has puesto ya los pasaportes en la mochila?
   ▪ ....
6. • Pedro, ¿has pedido ya un taxi?
   ▪ ....

La posición de los pronombres

Generalmente los pronombres van delante del verbo.
- ¿Las maletas?
- Ya las he hecho.

Con el gerundio pueden ir delante o detrás del verbo.
- Las estoy haciendo.
- Estoy haciéndolas.

16 ¿Cómo se dice en español...? Escríbelo en tu cuaderno.

1. 25°
2.
3.
4.
5.
6.
7.
8.
9.

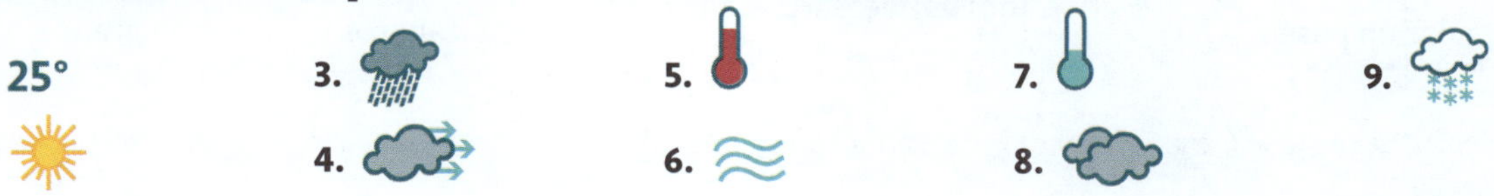

17 Carmen está preparando un viaje por la montaña. Escribe el nombre de cada prenda y, después, marca cuáles necesita para su viaje.

☐ .... ☐ .... ☐ ....
☐ .... ☐ .... ☐ .... ☐ ....
☐ .... ☐ .... ☐ .... ☐ ....

18 Las matemáticas de los colores. Lee y completa con los colores correspondientes.

1. blanco + ... = gris
2. rojo + blanco = ...
3. amarillo + ... = naranja
4. azul + ... = verde
5. rojo + ... = violeta
6. amarillo + azul = ...

19 ¿Qué palabra no pertenece a cada grupo? ¿Por qué?

1.	falda	mochila	pantalón	sombrero
2.	camisa	jersey	anorak	ropa
3.	primavera	otoño	enero	verano
4.	sol	viento	calor	llueve
5.	peregrino	albergue	hotel	pensión
6.	me levanto	me ducho	me gusta	me acuesto

20 40 - Escucha y escribe el nombre de cada persona.

1. ....
2. ....
3. ....
4. ....

21 Lee, relaciona y escribe en tu cuaderno frases coherentes para cada situación.

Para ir a una fiesta Para un congreso Para una excursión al campo Para un día en la playa Para dar un paseo	(no) conviene se recomienda es mejor (no) es necesario	llevar ponerse	ropa una mochila crema solar un sombrero zapatos	negro. rojo. elegante. cómodo. grande.

Para un congreso es mejor ponerse zapatos elegantes.

22 Lee las preguntas y relaciónalas con las respuestas correspondientes.

1. ¿Qué tal el tiempo en Santiago?
2. ¿Te gusta este sombrero?
3. Marta, ¿conoces a mi hermano?
4. ¿Te levantas temprano?
5. ¿Dónde está Carlos?
6. ¿Has hecho la cama?

a. Es muy elegante, pero un poco caro, ¿no?
b. Durante la semana sí, ¿y tú?
c. En la cocina, está preparando la cena.
d. Estoy haciéndola.
e. En este momento está lloviendo.
f. No. Encantada.

23 a. Mira el mapa y escribe cómo está el tiempo en estas regiones españolas.

Galicia ....
Andalucía ....
Castilla y León ....
País Vasco ....

b. 41 – **Escucha a estas personas. ¿En qué lugar de España están?**

- La Coruña
- Palma de Mallorca
- Sevilla
- Bilbao

24 Matilde ha invitado a algunos/as amigos/as a su cumpleaños. ¿Puedes identificarlos/as?

La persona más alta ha comprado rosas rojas para Matilde. El chico que le ha traído tres botellas de cava se llama Julio y lleva una corbata muy original. Una chica delgada ha hecho una tarta fantástica. El chico rubio y bajito es el hermano de Raquel. Luis es moreno y lleva una camisa azul. La chica morena lleva una falda muy elegante.

	NOMBRE	ASPECTO FÍSICO	ROPA	REGALO
1.				
2.				
3.				

25 Completa la tabla.

	DUCHARSE	LEVANTARSE
yo	.... ducho	....
tú	.... duchas	....
él, ella, usted	.... ducha	....
nosotros/as	.... duchamos	....
vosotros/as	.... ducháis	....
ellos, ellas, ustedes	.... duchan	....

26 Completa la tabla.

	MASCULINO	FEMENINO	MASCULINO	FEMENINO
SINGULAR	**este** jersey	……… falda	**ese** jersey	……… falda
PLURAL	……… jerséis	……… faldas	……… jerséis	……… faldas

27 Completa las tablas con los verbos en presente.

	CONOCER	OFRECER	PRODUCIR
yo	………	………	………
tú	………	………	………
él, ella, usted	………	………	………
nosotros/as	………	………	………
vosotros/as	………	………	………
ellos, ellas, ustedes	………	………	………

28 Lee estas ofertas y luego completa las frases.

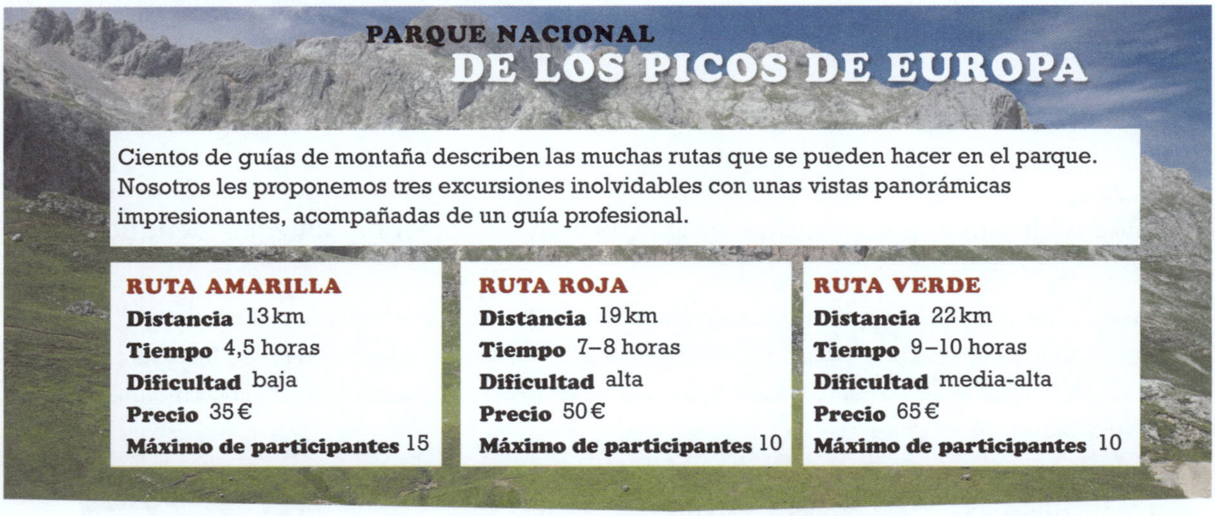

1. La ruta verde es ……… larga ……… la roja, pero no es ……… difícil.
2. La ruta roja es ……… difícil de todas, pero es ……… larga ……… la ruta verde.
3. La ruta roja no es ……… larga ……… la verde, pero es ……… difícil.
4. La ruta amarilla cuesta ……… la roja y es también ……… difícil.
5. La ruta amarilla es ……… corta que las otras y dura ……… tiempo.
6. La ruta verde es ……… cara y ……… larga.
7. La ruta amarilla es la excursión con el ……… número de participantes.
8. La ruta amarilla no es ……… cara ……… la roja y la verde.

29 Panamericana: Perú. ¿Qué sabes de este país? Lee de nuevo el texto de las páginas 114 y 115 de la Edición para estudiantes y completa.

- Lima ………
- El lago Titicaca ………
- Iquitos ………
- Cusco ………
- El Machu Picchu ………
- La cocina peruana ………

MUNDO PROFESIONAL

30 **Lee y completa estas recomendaciones para una entrevista de trabajo. Puede haber varias opciones. Luego, comenta con tus compañeros/as si estás de acuerdo con las recomendaciones del texto. Explica por qué.**

es importante	es mejor	(no) es necesario	(no) se recomienda	(no) conviene

Antes de la entrevista .... informarse sobre la empresa, por ejemplo, en su página web. El día de la entrevista .... llegar unos diez minutos antes. .... ponerse ropa muy elegante. .... llevar una falda o un pantalón azul o negro con una blusa o una camisa. Durante la conversación con el / la jefe/a de personal .... explicar bien lo que usted ha hecho en su vida profesional y preguntar qué esperan de usted. .... preguntar si tiene que hacer muchas horas extras o cuántas vacaciones puede tomar. Puede hablar de su trabajo actual, pero .... hablar mal de su jefe/a actual.
Ahora usted está preparado/a para realizar la entrevista con éxito.

31 **Mañana es el primer día de trabajo de un/a amigo/a. Dale algunos consejos.**

Es importante Es mejor (No) es necesario (No) se recomienda (No) conviene	llegar tarde a la oficina. ponerse ropa nueva y elegante. hablar mucho de su vida privada. aprender los nombres de los colegas. ir a comer con los colegas. hablar por teléfono con amigos/as. comprar un regalo para el / la jefe/a.

El primer día de trabajo no conviene llegar tarde a la oficina.

....

....

....

....

....

PRONUNCIAR BIEN

32 **a. La e final. Lee el siguiente texto y comenta las dudas en clase.**

A diferencia de lo que sucede en otros idiomas, en español se pronuncia la **e** claramente (abierta, corta), incluso en posición final de palabra.

b. Sin mirar en el libro o en el diccionario, intenta hacer una lista de cinco palabras que conoces en español y que terminan en -e. Luego, comprueba si las has escrito correctamente y practica la pronunciación con tu compañero/a.

AUTOEVALUACIÓN

YA PUEDO...	👍	✋	👎
... hacer comparaciones: El hotel es ______ caro ______ el albergue.	▢	▢	▢
... describir la rutina diaria: Me levanto a las ______.	▢	▢	▢
... hablar del tiempo: ☀ ______ 🌧 ______ ☁ ______	▢	▢	▢
... dar consejos: Es mejor ______. Se recomienda ______.	▢	▢	▢
... contar lo que está pasando: ¿Qué estás haciendo? ______.	▢	▢	▢
... describir la ropa usando colores: Tengo unos pantalones ______ y una camiseta ______.	▢	▢	▢
... usar las formas irregulares del comparativo: grande - ______, bueno - ______, malo - ______	▢	▢	▢
... conjugar los verbos reflexivos: yo me levanto, ______	▢	▢	▢
... conjugar el verbo conocer: yo ______	▢	▢	▢
... señalar algo que está al alcance o más lejos: este ______, esa ______	▢	▢	▢
... formar el gerundio: visitar - visitando, salir - ______, leer - ______	▢	▢	▢

10 TENGO PLANES

Comunicación
- Pedir en el restaurante
- Modos de preparación de la comida (**frito/a**...)
- Pedir algo que falta
- Valorar la comida
- Describir algo
- Hacer planes, aceptar y rechazar una propuesta
- Quedar con alguien
- **MUNDO PROFESIONAL**
  Una comida de negocios
  Una reserva telefónica

Léxico
- Actividades de tiempo libre
- Productos y platos internacionales
- El menú del día
- Habilidades

Gramática
- **Ir a** + infinitivo
- Preposición + pronombre
- Frases de relativo **que** y **donde**
- Adjetivos de nacionalidad
- El uso de **saber** y **poder**
- **Otro/a/os/as** y **un poco (más) de**
- **PRONUNCIAR BIEN**
  Los grupos de letras **ch** y **ll**

Cultura
- En el restaurante
- **PANAMERICANA**
  Chile

1 **a.** **Actividades de tiempo libre. ¿Con qué verbo combinan estas expresiones?**

hacer	senderismo	....	en el jardín	....	en un coro
....	un instrumento	....	en bicicleta	....	con amigos/as
....	de compras	....	al tenis	....	yoga
....	al ajedrez	....	por el parque	....	el piano
....	al cine	....	al fútbol	....	al gimnasio

b. **¿Y tú? Elige dos actividades de tiempo libre y escribe con qué frecuencia las haces.**

Juego al tenis una vez por semana.

2 **Visitas Madrid un fin de semana con tres amigos. El sábado por la noche escribes a tu hermano explicándole lo que has hecho o han hecho tus amigos ese día y lo que vais a hacer al día siguiente.**

- ✓ visitar el Museo del Prado (todos)
- hacer compras en la Gran Vía (Ana y yo)
- comer algo en el Museo del Jamón (Ana y yo)
- ✓ ir a la Puerta del Sol (todos)
- pasear por el Parque del Retiro (yo)
- ✓ ver el estadio Santiago Bernabéu (Felipe y Pablo)
- descansar en la Plaza Mayor (yo)
- escribir postales (yo)
- recorrer la ciudad en autobús turístico (Pablo y yo)

Mensaje nuevo

....

....

....

....

....

....

....

....

3 Algunos amigos escriben a Alicia para quedar. Lee los mensajes que ha recibido y escribe las respuestas de Alicia.

1. ¿Tienes ganas de dar un paseo esta tarde?
   😀 ....
2. ¿Vienes conmigo al cine mañana?
   ☹ ....
3. ¿Tomamos un café después de la clase?
   😀 ....
4. ¿Te apetece ir a bailar el sábado?
   ☹ ....
5. ¿Por qué no jugamos al tenis este fin de semana?
   ☹ ....
6. ¿Quedamos uno de estos días para ir a la piscina?
   😀 ....

4 Completa este correo electrónico con los pronombres adecuados.

la (× 2)	nos	conmigo	con ella	te (× 2)	me

Mensaje nuevo

Hola, Nuria:
Esta semana no .... he llamado, lo siento. Es que mi hermana Ángela está aquí .... en casa durante dos semanas. Estoy pasando mucho tiempo .... porque .... veo muy poco y desde pequeñas a nosotras dos .... encanta estar juntas.
Tú .... conoces. ¿La recuerdas? Es la que vive en Chile.
¡Pero ya ves que no .... olvido de ti! En los próximos días .... llamo y salimos las tres juntas, ¿vale?
Besos, Leti

Preposición + pronombre

con ~~mí~~ → conmigo
con ~~ti~~ → contigo
con él
con ella
con usted
...

5 Completa esta llamada telefónica.

- ¿Dígame?
- *(Saluda y di quién eres).*

....

- ¡Hola! ¿Qué tal?
- *(Pregunta a tu amiga si tiene ganas de ir contigo y con tu hermana a cenar esta noche. Tienes mesa reservada en la pizzería La Traviata).*

....

....

- ¡Buena idea! ¿A qué hora quedamos?
- *(Le propones quedar a las 20 h en el restaurante).*

....

- Sí, me va muy bien, nos vemos allí.
- *(Expresas alegría y te despides).*

....

6 ¿Conoces estos platos? ¿Se comen calientes o fríos? Completa la tabla y descríbelos.

	CALIENTE	FRÍO/A	¿QUÉ LLEVA?
gazpacho		X	tomate y otras verduras
ensalada mixta			
tortilla española			
patatas bravas			
macedonia de frutas			
tarta vienesa			
paella			
albóndigas			

El gazpacho es una sopa que se come fría. Lleva tomate y otras verduras.

7 Elige la opción adecuada.

¿CONOCE USTED LOS RESTAURANTES DONDE / QUE ESTÁN DE MODA EN MADRID?

En el centro le recomendamos el restaurante Sergi Arola, **donde / que** el famoso chef presenta sus creaciones en un ambiente muy exclusivo. En las afueras, usted puede comer en el Antiguo Convento de Boadilla del Monte, **donde / que** se sirven excelentes carnes y platos tradicionales.
Otra posibilidad es La Dorada, un restaurante **donde / que** ofrece especialidades de pescado y **donde / que** los clientes cenan en pequeñas cabinas.
Finalmente, recomendamos The Grill Club, un restaurante **donde / que** es conocido por sus platos especiales y **donde / que** usted puede disfrutar de un menú internacional.

8 ¿Conoces el origen de estas cosas? Añade los adjetivos de nacionalidad correspondientes.

1. • ¿La sangría?
   ▪ Una bebida ....
2. • ¿El tango?
   ▪ Un baile ....
3. • ¿Los espaguetis?
   ▪ Una especialidad ....
4. • ¿El *döner*?
   ▪ Un plato ....
5. • ¿Los tacos?
   ▪ Una comida ....
6. • ¿El Mercedes?
   ▪ Un coche ....
7. • ¿IKEA?
   ▪ Una tienda de muebles ....
8. • ¿Zara?
   ▪ Una marca de ropa ....

9 ¿Saber o poder? Completa con el verbo en la persona adecuada.

1. • Perdone, ¿ .... decirme dónde hay una parada de taxis?
   ▪ Lo siento, no lo .... , no soy de aquí.
2. • Me encanta esa discoteca porque se .... bailar salsa. ¿Quieres venir?
   ▪ Gracias, pero no .... bailar y me da mucha vergüenza.
3. • ¿Queréis venir a casa el domingo a cenar? Javier .... hacer una paella fantástica.
   ▪ ¡Sí, gracias! Pero ¿ .... llevar a mi hermana? Es que este fin de semana está de visita.

10 Relaciona las tres columnas para obtener nombres de platos de comida y completa el menú.

calamares	de	chocolate
pollo	al	cerdo
merluza	a la	patatas
helado	con	ajillo
tarta		romana
chuleta		verdura
sopa		manzana
ensalada		plancha
macedonia		tomate
gambas		fruta
espaguetis		boloñesa

Preposiciones
de: ingredientes
al / a la: modo de preparación
con: acompañamiento

Menú del día

Primer plato

....
....

Segundo plato

....
....

Postre

....
....

11 42 - Completa el diálogo con las frases de los clientes. Luego escucha la conversación y comprueba tus respuestas.

• Buenas tardes. ¿Qué van a tomar?
▪ ....
♦ ....
• De acuerdo. Para beber, ¿qué les traigo?
▪ ....
♦ ....
• Muy bien. ¿Quieren elegir el postre ya o más tarde?
▪ ....
♦ ....
...
• ¿Algo más, señores?
♦ ....
• Claro, enseguida.

▪ Una botella grande de agua, por favor. Con dos vasos.
▪ Yo no quiero postre, gracias.
▪ Buenas tardes. Para mí, primero una sopa de tomate y luego la merluza.

♦ Pues yo tomo de primero los espaguetis y de segundo la chuleta.
♦ Y para mí, además una copa de tinto de la casa.
♦ Sí, dos cafés. Tenemos un poco de prisa. ¿Nos trae la cuenta, por favor?
♦ Yo sí, y ya sé qué quiero: crema catalana.

12 ¿Otro/a o un poco más de? Completa las frases.

1. Perdón, ¿nos trae  ________________ por favor? Falta uno.
2. ¿Me puedes traer  ________________ ?
3. Quería  ________________ , por favor.
4. ¿Me trae  ________________ , por favor?
5. Marcos, ¿me pones  ________________ de chocolate, por favor?

13 Completa estas frases típicas en un restaurante. ¿Qué frases dice el/la camarero/a y cuáles los/as clientes/as?

1. ¿Qué van a ________________ ?
2. La tortilla, ¿ ________________ caliente o fría?
3. ¿De postre qué ________________ ?
4. ¿Nos trae ________________ pan?
5. ¿Van a tomar postre o ________________ ?
6. Para mí, de ________________ pollo asado.
7. ¿Las patatas ________________ muy picantes?
8. ¿ ________________ mayonesa la ensalada?
9. De ________________ hay sopa o ensalada.
10. ¿Qué les ________________ para beber?

14 ¿Qué actividades de las etiquetas es más probable que se practiquen al aire libre o fuera (F) y cuáles es más probable que se practiquen en interiores o dentro (D) de algún lugar? A veces las dos opciones pueden ser válidas.

- [F] jugar al tenis
- [ ] tocar el piano
- [ ] jugar al ajedrez
- [ ] bailar
- [ ] jugar al golf
- [ ] tocar la guitarra
- [ ] jugar al fútbol
- [ ] ir al cine
- [ ] esquiar
- [ ] ir en bicicleta
- [ ] hacer fotos
- [ ] correr
- [ ] ir a la sauna
- [ ] hacer deporte
- [ ] ir al teatro
- [ ] hacer senderismo

15 ¿Qué palabra no forma parte del grupo? ¿Por qué?

1.	correr	cantar	esquiar	nadar
2.	tenis	fútbol	dominó	golf
3.	concierto	programa	película	exposición
4.	Vale	Perfecto	Qué pena	Buena idea
5.	primero	segundo	último	postre
6.	filete	chuleta	merluza	pollo
7.	sopa	tarta	crema catalana	flan
8.	salado	asado	dulce	picante

16 El verbo ir puede aparecer en varias combinaciones. Conecta los elementos de las columnas. ¿Puedes completar un ejemplo más por línea?

ir	a	avión / tren / bicicleta / ________________
	con	compras / excursión / ________________
	de	Pablo / mis amigos / ________________
	en	una exposición / la sauna / Francia / ________________

17 Relaciona los elementos de las tres columnas para hacer propuestas para quedar. Conjuga los verbos cuando sea necesario.

¿Y si vamos a / al ¿Vienes conmigo a / al ¿Tienes ganas de ¿Por qué no	concierto de Pachamama tomar una cerveza jugar al tenis hacer una excursión en bicicleta cenar juntos ver la exposición de arte maya hacer un curso de salsa ver una película	esta noche? mañana? este fin de semana? después de la clase? el próximo domingo? uno de estos días? el mes que viene? alguna vez?

18 Formula preguntas apropiadas para estas respuestas.

1. ¿ .... ? Mejor el martes, es que el lunes tengo clase.
2. ¿ .... ? Delante del cine es perfecto.
3. ¿ .... ? ¿Qué tal a las ocho?
4. ¿ .... ? Buena idea, el viernes vamos al cine.
5. ¿ .... ? ¡Qué pena! Es que después de la clase no puedo.
6. ¿ .... ? Mejor nos vemos en el bar directamente, ¿vale?

19 Completa la tabla.

	MASCULINO	FEMENINO
SINGULAR	otr.......... cuchillo	otr.......... cuchara
PLURAL	otr.......... dos cafés	otr.......... dos cervezas

20 Completa las terminaciones de estas nacionalidades.

	MASCULINO	FEMENINO
SINGULAR	suiz.......... español inglés	suiz.......... español.......... ingles..........
PLURAL	suiz.......... español.......... ingles..........	suiz.......... español.......... ingles..........

Mayúsculas y minúsculas

En español, solo los nombres de países se escriben con mayúscula inicial. Las nacionalidades y los idiomas van en minúscula.

- Mi mujer es **suiza**, por eso vivimos en **Suiza** y hablamos **alemán** y **francés**.

21 Completa la tabla con las formas del verbo ir.

	IR	A +	INFINITIVO
yo tú él, ella, usted nosotros/as vosotros/as ellos, ellas, ustedes	....	a	salir con amigos. hacer una excursión. ver una película.

22 43 - **Escucha esta conversación por teléfono y marca la respuesta correcta.**

1. Pedro habla
   - ☐ con un amigo.
   - ☐ con una amiga.

2. Le propone ir
   - ☐ a una fiesta latinoamericana.
   - ☐ al cine.

3. Van a ver una película
   - ☐ chilena.
   - ☐ argentina.

4. Quedan en un bar
   - ☐ a las diez.
   - ☐ a las nueve.

23 a. **Lee este diálogo y marca la respuesta correcta en cada caso.**

- **Es / Está** una ciudad.
- ¿**Es / Está** española?
- No, **es / está** latinoamericana.
- ¿**Es / Está** en Centroamérica?
- Sí.
- ¿**Es / Está** una capital?
- Sí.
- ¿**Es / Está** en la costa?
- Sí, **es / está** en la costa.
- ¿**Es / Está** ciudad de Panamá, la capital de Panamá?
- Eso **es / está**.

b. **Ahora tú. Piensa en una ciudad española o latinoamericana y juega con tu compañero/a.**

24 **En el restaurante. Asigna los enunciados a las situaciones y completa las frases con es, son o está/n. Las terminaciones de los adjetivos te ayudarán con esto.**

- ☐ Estás comiendo una tarta deliciosa.
- ☐ Tus patatas fritas llevan mucha sal.
- ☐ Tu amigo te explica qué es el gazpacho.
- ☐ Tu crema catalana lleva mucho azúcar.
- ☐ Te preguntan: "¿Qué tal el pollo con gambas?".
- ☐ Hablas de la cocina mexicana.

1. .... PICANTE, PERO MUY BUENA.

2. ¡QUÉ RICA ....!

3. .... MUY SALADAS.

4. EXCELENTE, ... MUY RICO.

5. .... DEMASIADO DULCE.

6. .... UN PLATO QUE SE COME FRÍO Y LLEVA VERDURAS.

25 **Planes para el fin de semana. Completa esta conversación telefónica con las formas adecuadas del verbo ir + las preposiciones a, de, con, en.**

- Julia, ¿qué haces este fin de semana?
- ▪ Esta noche .... casa de Marcos a cenar. .... mi hermana Inés, que está de visita. ¿Y tú?
- Toni y yo .... excursión a la montaña el sábado. Esta noche yo .... cine con una amiga y él .... jugar al tenis. Después .... copas con los amigos del tenis de Toni. Y tú, ¿ya tienes planes para el sábado?
- ▪ Sí, primero Inés y yo .... desayunar en un café, luego ella .... compras. A mí no me gusta. Por la noche .... juntas .... bailar salsa. Y vosotros, ¿............ .... coche o .... tren a la montaña?
- .... coche, además, llevamos también las bicicletas. Y el domingo... ¡tranquilidad!
- ▪ Para mí también, mi hermana se .... por la mañana y yo solo quiero descansar. ¡Buen fin de semana!
- ¡A vosotras también!

26 **En estas frases hay algunos errores. Corrígelos con las palabras de la columna de la derecha.**

1. ¿Vienes **con mi** al mercado?	☐	**a.** que
2. Para **me**, de postre, un helado.	☐	**b.** está
3. Menorca es un lugar **donde** me gusta mucho.	☐	**c.** –
4. Mi filete **es** demasiado picante.	☐	**d.** alemanas
5. La paella **está** una especialidad de Valencia.	☐	**e.** mí
6. Mis amigas Karin y Sabine son **alemanes**.	☐	**f.** conmigo
7. Por favor, ¿nos trae **más de** pan?	☐	**g.** más
8. ¿Me trae **un** otro café?	☐	**h.** es

27 **Panamericana: Chile. Vuelve al texto de las páginas 128 y 129 de la Edición para estudiantes y responde a las siguientes preguntas.**

1. ¿Cuántos kilómetros de longitud tiene Chile?
   ....
2. ¿Cómo se llama el desierto más seco del mundo?
   ....
3. ¿Dónde está?
   ....
4. ¿Dónde hay fiordos, glaciares y pingüinos?
   ....
5. ¿Dónde están los moáis?
   ....
6. ¿Por qué es famoso Valparaíso?
   ....

MUNDO PROFESIONAL

28 **¿Qué haces o no haces en una comida de negocios? Marca lo que crees que es correcto (C) o incorrecto (I). Luego, lee el texto y compara tus respuestas. ¿Estás de acuerdo con las opiniones del texto? Coméntalo en clase.**

1. ☐ Dejar los móviles encima de la mesa.
2. ☐ Dejar las llaves y la agenda en la mesa.
3. ☐ No pedir platos caros y fuertes.
4. ☐ Hablar no solo del trabajo.
5. ☐ Pasar mucho tiempo tomando café.
6. ☐ Pagar cada persona su parte.

En una comida de trabajo los móviles se desconectan durante la comida y no se ponen en la mesa.
Tampoco otros objetos, como por ejemplo llaves o agendas.
Los invitados no piden platos muy caros. Una comida de negocios no es un banquete.
El tema de conversación no tiene que ser solamente el trabajo. Durante la comida conviene hablar de otros temas más generales y quizás llegar al trabajo en los postres.
Si la reunión sigue por la tarde, no se recomienda pasar mucho tiempo tomando café. Si la comida es una despedida, la sobremesa puede ser un poco más larga.
En general, los almuerzos de negocios tienen un carácter más laboral que las cenas.
La cuenta la paga la persona que invita.
En resumen, un agradable encuentro, con una buena conversación y entre personas con buenas maneras, puede añadir muchos puntos a su favor para tener éxito en sus negocios.

29 44 - **Una reserva telefónica. Escucha la conversación y completa la reserva.**

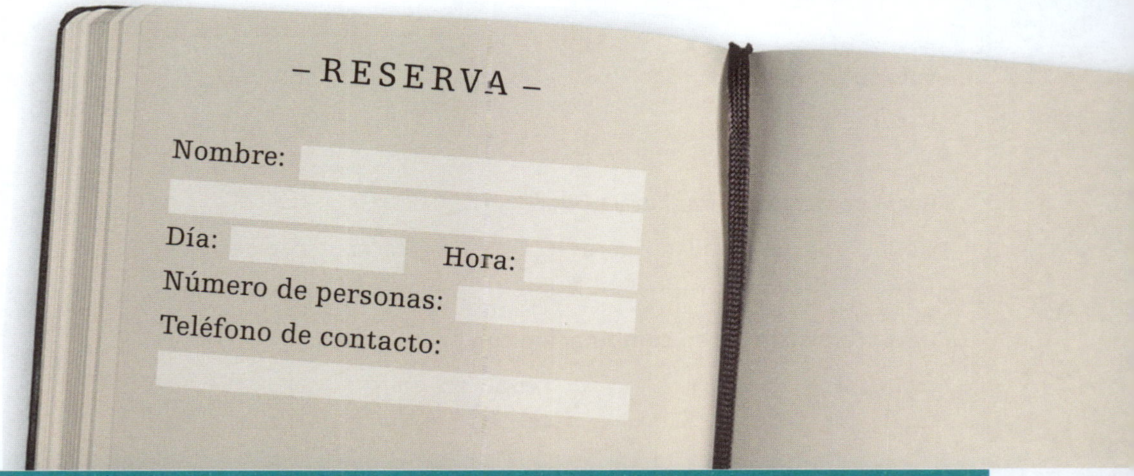

PRONUNCIAR BIEN

30 **a. Los grupos de letras ch y ll. Lee el siguiente texto y comenta las dudas en clase.**

Conviene fijarse en la pronunciación en español de **ch** y **ll**, ya que estas letras pueden sonar de manera diferente en otras lenguas.

b. 45 - **Lee estas frases y luego escucha y comprueba tu pronunciación.**

Del dicho al hecho hay un buen trecho.

Te he dicho que dejo dos trajes bien hechos.

Estrella, ¡llevas la llave en un llavero brillante!
Sí, es brillante el llavero de Estrella en el que lleva la llave.

AUTOEVALUACIÓN

YA SÉ…			
… hablar de actividades de tiempo libre: En mi tiempo libre me gusta	☐	☐	☐
… describir planes y eventos en el futuro: El sábado voy a	☐	☐	☐
… hacer, aceptar o rechazar una propuesta: ¿Tienes ganas de ....? Lo siento, es que	☐	☐	☐
… quedar con alguien y acordar la hora y el lugar: ¿Cuándo ....? ¿Qué tal ....?	☐	☐	☐
… describir algo: Es un plato que	☐	☐	☐
… pedir en un restaurante: De primero	☐	☐	☐
… valorar la comida: La carne está	☐	☐	☐
… usar correctamente saber y poder: No .... italiano, pero .... hacer un curso en Roma.	☐	☐	☐
… usar preposiciones en combinación con pronombres: **con + mí →** .... **con + ti →**	☐	☐	☐
… usar los adjetivos de nacionalidad: Me gustan los vinos	☐	☐	☐
… usar correctamente otro y un poco más de: ¿Me trae otro/a .... y un poco más de ...., por favor?	☐	☐	☐

11 CASA NUEVA, VIDA NUEVA

Comunicación
- Describir una vivienda
- Hacer cumplidos y reaccionar
- Dar datos biográficos
- Hablar sobre sucesos en el pasado
- Preguntar por el pasado
- Localizar un momento en el pasado
- Expresar la cantidad
- **MUNDO PROFESIONAL** Una encuesta sobre la vivienda

Léxico
- Las partes de la casa y los muebles
- Características de una vivienda
- Las etapas de la vida

Gramática
- El pretérito indefinido regular
- El pretérito indefinido irregular: **ir / ser**
- Marcadores temporales para el pretérito indefinido y para el pretérito perfecto
- **PRONUNCIAR BIEN** Acentuaciones con trampa

Cultura
- **PANAMERICANA** Argentina

1 Completa el diálogo con las palabras de las etiquetas.

planta	luz	afueras	metro	ventanas	ruidoso	edificio	piso	alquiler

- ¿Qué tal vuestro nuevo ________?
- Me gusta mucho. Estamos muy contentos.
- ¡Qué bien! ¿Cómo es?
- Tiene un salón con unas ________ muy grandes y mucha ________. Da a la calle, pero no es ________ porque está en una calle pequeña donde casi no pasan coches.
- Está un poco lejos, en las ________, ¿verdad?
- Sí, pero está cerca del ________.
- ¿Y cuánto cuesta el ________?
- 750 € con todo incluido.
- No está mal. Oye, y Alberto vive cerca, ¿no?
- Más cerca es imposible. Vive en el mismo ________, en la ________ baja. Ya hemos quedado el miércoles para cenar en casa.

2 ¿Qué palabra no forma parte del grupo? ¿Puedes añadir una palabra más a cada grupo?

1.	nevera	organizadora	lavadora	microondas	
2.	pasillo	salón	dormitorio	escritorio	
3.	regalo	estantería	silla	cama	
4.	tranquilo	renovado	moderno	rápido	
5.	metro	piso	autobús	tren	
6.	televisor	radio	espejo	ordenador	
7.	a la derecha	al lado	al horno	en el centro	

3 46 - **¿De qué están hablando? Escucha seis diálogos y marca de qué están hablando las personas en cada caso.**

1. ☐ un escritorio
   ☐ un armario
2. ☐ un televisor
   ☐ un sofá
3. ☐ una lavadora
   ☐ una nevera
4. ☐ una lámpara
   ☐ una silla
5. ☐ un jersey
   ☐ un espejo
6. ☐ un salón
   ☐ un piso

4 a. 47 - **Lee los anuncios y luego escucha la conversación telefónica entre Antonio y su mujer, María. ¿Qué piso van a visitar primero?**

ALBERTO AGUILERA

Apartamento, 110 m², 4 dormitorios, salón, cocina amueblada, baño completo, 4.° piso, exterior, con mucha luz, renovado, sin ascensor.
Precio: 1300 €. Tel.: 906 51 55 28.

Ref.: 59844162 ☐

ALCALÁ

Piso amueblado, 3 dorm., con mucha luz, muy tranquilo, interior, aire acondicionado, cerca del metro y de centros comerciales.
Precio: 1600 €. Tel.: 906 71 75 80.

Ref.: 59904176 ☐

ALAMEDA DE OSUNA

Piso 4 dormitorios, 2 baños, terraza 40 m², aire acondicionado, cocina sin amueblar, plaza garaje, piscina.

Inmobiliaria Taula.
Precio: 2000 €.

Ref.: 59837262 ☐

b. 47 - **Escucha la conversación otra vez y escribe las ventajas e inconvenientes de cada vivienda.**

	ALBERTO AGUILERA	ALCALÁ	ALAMEDA DE OSUNA
VENTAJAS			
INCONVENIENTES			

5 **¿Dónde está la pelota? Dibújala siguiendo las instrucciones.**

La pelota está a la derecha de la silla.

La pelota está delante de la silla.

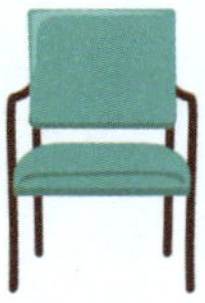

La pelota está debajo de la silla.

La pelota está al lado de la silla.

La pelota está entre las sillas.

La pelota está en la silla.

La pelota está a la izquierda de la silla.

La pelota está detrás de la silla.

6 **Lee los siguientes cumplidos y reacciona.**

1. • Uy, ¡qué casa tan bonita!
   ▪ ....
2. • ¡Qué cocina más moderna!
   ▪ ....
3. • Llevas un jersey precioso. ¿Es nuevo?
   ▪ ....
4. • Me encanta tu sofá.
   ▪ ....

7 a. Mira el plano de la casa, marca las frases correctas y corrige las incorrectas.

1. ☐ Hay tres dormitorios.
2. ☐ El salón está a la izquierda de la cocina.
3. ☐ La cocina está entre el salón y un dormitorio.
4. ☐ El baño está detrás, a la derecha.
5. ☐ Al lado de un dormitorio está la terraza.
6. ☐ La cocina es más grande que el salón.
7. ☐ En el salón hay un gato debajo del sofá.
8. ☐ La puerta del salón da al pasillo.

b. Muebles y objetos de la casa. ¿Recuerdas cómo se llaman los muebles?

1.	4.	7.	10. ....
2.	5.	8.	11. ....
3.	6.	9.	12. ....

c. Las partes de la casa. ¿En qué habitaciones se encuentran las siguientes cosas? ¿Puedes agregar otros objetos a cada habitación?

1. ducha, espejo ....
2. cama, armario ....
3. sofá, sillas ....
4. nevera, lavaplatos ....

8 ¿Presente o indefinido? Clasifica las formas verbales en la columna correspondiente.

hablo | vive | llegaste | usó | encontré
explicamos | como | fuimos | bebemos
bebimos | trabajasteis | vivimos | toman | llegas
explicaron | preguntáis | explican | comió | fui

Presente e indefinido

La 1.ª persona singular del presente y la 3.ª persona singular del pretérito indefinido de los verbos en **-ar** se diferencian solo en la acentuación: yo trabaj**o** – él trabaj**ó**.

Las formas de la 1.ª persona plural de los verbos en **-ar** e **-ir** son iguales en presente y en indefinido: **trabajamos**, **vivimos**. Por el contexto sabemos si se trata del presente o del pasado.

PRESENTE	INDEFINIDO

9 Lee el correo que ha escrito un turista que ha visitado el Museo Chocomundo con unos amigos y completa con los verbos en pretérito indefinido.

Mensaje nuevo

El último día de nuestro viaje por Andalucía .... (VISITAR) el Museo Chocomundo en Estepa, un pueblo entre Sevilla y Málaga.
Este museo .... (NACER) hace más de 30 años de un proyecto de los dueños de una confitería. Está en un edificio impresionante de finales del siglo XIX.
En la puerta nos .... (SALUDAR) un guía y nos .... (INVITAR) a pasear por las salas del museo. En la primera nos .... (PRESENTAR) una película sobre la historia del cacao. Después .... (LLEGAR) a una sala con una colección maravillosa de figuras arqueológicas.
En otra sala nos .... (IMPRESIONAR) una colección de envases, entre ellos, una preciosa caja de bombones que se .... (FABRICAR) en el siglo XIX para la boda de la reina de Inglaterra.
Al final todos .... (RELAJARSE) en la cafetería donde .... (PROBAR) algunas especialidades. Además, yo .... (IR) a la tienda del museo y .... (COMPRAR) varias tabletas de chocolate negro, blanco y con almendras como recuerdo.

10 **a.** Compara lo que hace Elvira normalmente con lo que hizo el domingo pasado.

NORMALMENTE	EL DOMINGO PASADO
levantarse a las siete	levantarse a las diez
ir al trabajo sin desayunar	desayunar en la cama
comer en la cafetería de la empresa	comer en casa
tomar dos cafés en la oficina	tomar un café con una amiga
llamar por teléfono a sus clientes	llamar a su novio
no tener tiempo de ver a los amigos	ir de excursión con ellos
trabajar muchas horas	ir al cine
acostarse antes de las diez	acostarse muy tarde

Normalmente Elvira se levanta a las siete, pero el domingo se levantó a las diez.

b. ¿Y tú? ¿Qué hiciste el domingo pasado?

Yo me levanté...

11 **a.** Expresiones de tiempo. Ordena los marcadores temporales cronológicamente.

en 2015	hace dos años	hoy	ayer	esta semana	el mes pasado	el 3 de marzo
hace dos días	el verano pasado	esta mañana	en octubre	el viernes		

b. Ahora, subraya con colores diferentes los marcadores para el pretérito perfecto y los que se usan con el pretérito indefinido.

Pretérito perfecto y pretérito indefinido

El pretérito **indefinido** hace referencia a acciones dentro de un período en el pasado que el emisor considera terminado.
El pretérito **perfecto** se usa cuando hablamos de acciones dentro de un período que el emisor no considera terminado (**esta semana**) o cuando el momento no tiene importancia (**alguna vez**). El tiempo transcurrido objetivamente no es decisivo.

12 ¿Perfecto o indefinido? Fíjate en los marcadores temporales y completa con la forma verbal adecuada.

1. Hace tres años Juan y María .... (CONOCERSE) en Cuba y este año los dos .... (EMPEZAR) a pensar en tener hijos.
2. Hoy María .... (VOLVER) temprano del trabajo y Juan le .... (PREPARAR) una sorpresa: la .... (INVITAR) a cenar porque hace bastante tiempo que .... (SALIR) juntos por última vez.
3. Juan .... (RESERVAR) una mesa en el restaurante El Asador de Patxi. Es un restaurante nuevo que .... (ABRIR) hace pocas semanas. Él .... (CENAR) allí con su jefe la semana pasada y la comida le (PARECER) .... exquisita.

13 ¿Cuándo? Lee las frases y marca el momento fijándote en el tiempo verbal.

1. Viajé por la Panamericana.
   - Este año.
   - El año pasado.
2. ¿Has comprado leche?
   - Hoy.
   - Ayer.
3. Visitaron el Museo del Prado.
   - En 2016.
   - Esta mañana.
4. Jorge vivió en Argentina muchos años.
   - Todavía vive en Argentina.
   - Ahora vive en otro país.
5. He comprado un regalo.
   - Para la fiesta de cumpleaños de hoy.
   - Para el cumpleaños de ayer.
6. Nos ha gustado mucho.
   - La película de ayer.
   - Esta clase de español.

14 Contrarios. Completa lo opuesto a estos adjetivos. ¿Cuál es la solución?

↔ antiguo
↔ tranquila
↔ feo
↔ mala
↔ grande
↔ joven / nueva

↔ gordo
↔ barato
↔ baja
↔ optimista
↔ frío

Solución: ....

15 Divide las palabras y añade los acentos y los signos de puntuación necesarios. Luego, clasifica en la tabla los cumplidos y las reacciones.

QUELAMPARATANBONITATIENESUNACOCINAFANTASTICATUCREESPUESESMUYVIEJAMELA
REGALOMIHERMANATEGUSTASINOESTAMALQUEVISTATIENESDESDEELBALCONTEPARECE
QUESALONMASGRANDEPEROESUNPOCOOSCUROQUEBUENGUSTO

CUMPLIDOS	REACCIONES

16 Conecta las preguntas con las respuestas adecuadas.

1. ¿En qué piso está?
2. ¿Cuántos metros cuadrados tiene?
3. ¿Cuánto cuesta el alquiler?
4. ¿Está incluida la calefacción?
5. ¿Cuándo está libre?

a. A partir del próximo mes.
b. Unos sesenta.
c. En el segundo.
d. 600 € al mes.
e. Sí, pero no la electricidad.

17 Marta habla de su piso nuevo. ¿Cuál de estas afirmaciones se relaciona con el apartamento (A) y cuál con su compañero de piso (C)?

1. Está un poco lejos, pero es muy grande.
2. Parece bastante simpático.
3. Está siempre de buen humor.
4. Tiene mucha luz.
5. Es elegante y bastante amable.
6. Me gusta porque es tranquilo y barato.

18 Familias de palabras. Muchas palabras están relacionadas y pueden derivarse unas de otras. Completa los nombres, adjetivos o verbos adecuados en cada línea.

NOMBRE	ADJETIVO
....	tranquilo/a
la oscuridad	....
....	actual
el optimismo	....
....	deportista
la inteligencia	....

NOMBRE	VERBO
....	mudarse
el viaje	....
....	producir
el consumo	....
....	encontrar
la bebida	....

19 Completa las tablas con los verbos en pretérito indefinido.

	TRABAJAR	APRENDER	VIVIR
yo	....	....	....
tú	....	....	....
él, ella, usted	....	....	....
nosotros/as	....	....	....
vosotros/as	....	....	....
ellos, ellas, ustedes	....	....	....

20 Corrige los errores que hay en estas frases con las palabras de la columna de la derecha.

1. La cocina del apartamento **es** amueblada.
2. El lunes **pasado** voy a hablar con Marta.
3. Ayer yo **llegé** muy tarde a la reunión.
4. Ayer el tren **llego** a las 10 en punto.
5. El domingo fui **en** casa de Lucía.
6. ¿Cuándo **fui** la última vez que fuiste al cine?
7. Ayer yo **fue** al cine con Roberto.
8. Este sofá **está** muy cómodo.

a. llegué
b. es
c. a
d. está
e. fue
f. que viene
g. llegó
h. fui

21 a. ¿Qué es? Lee las definiciones y escribe a qué se refieren.

1. Nos sentamos allí para ver la televisión o hablar con alguien. el sofá
2. La usamos para dormir. Es grande. ....
3. La usamos cuando no hay mucha luz. ....
4. Sirve para colocar los libros y otros objetos. La ponemos en la pared. ....
5. Lo usamos para lavar los platos y los vasos sucios. Es un electrodoméstico. ....
6. Ponemos encima los platos, vasos, etc., para comer. ....
7. Está en el baño y lo necesitamos para vernos. ....
8. Dentro guardamos la ropa. Normalmente está en el dormitorio. ....

b. Piensa en otras tres partes de la casa o muebles y defínelas. Tus compañeros/as tratan de adivinar.

....

....

....

22 a. Lee y completa la conversación.

- Buenos días, ¿en qué puedo ayudarle?
  (Estás buscando un piso céntrico pero tranquilo con garaje).
- ....
- ¿Cuántos dormitorios necesita?
  (Tres, sois una pareja con dos hijos).
- ....
- Creo que tengo lo que necesita. Está en el centro, cerca del metro y autobús.
  (Quieres saber si el apartamento está amueblado y preguntas por el alquiler).
- ....
- Tiene la cocina amueblada y aire acondicionado, por supuesto. Cuesta menos de mil euros al mes. ¿Qué le parece?
  (Te parece interesante. Preguntas cuándo se puede visitar el piso).
- ....

b. ¿A qué anuncio se refiere la conversación de la actividad a?

1

SAN JULIÁN

100 m², 4 dormitorios, salón, cocina sin muebles, 2 baños, terraza, 2.° piso, sin ascensor, garaje, zona residencial, cerca de un parque. Precio 1000 €. Ref. SJ-123.B

2

CALLE PICASSO

90 m², 3 dormitorios, salón, cocina amueblada, baño completo, balcón, 4.° piso, ascensor, cerca del centro (autobús). Precio 850 €. Ref. CP-008.H

3

ALAMEDA DE SAN BLAS

85 m², 3 dormitorios, 2 baños, cocina amueblada, salón, balcón, 1.er piso, sin ascensor, bien comunicado (metro y autobús), garaje, aire acondicionado. Precio 920 €. Ref. ASB-220.M

23 Conjuga el verbo ir.

	PRESENTE	PRET. PERFECTO	PRET. INDEFINIDO
yo			
tú			
él, ella, usted			
nosotros/as			
vosotros/as			
ellos, ellas, ustedes			

24 ¿Con o sin acento? ¿Los verbos en las siguientes frases llevan tilde? ¿Por qué?

	SÍ	NO	POR QUÉ
1. **Llego** del trabajo y estoy muy cansado.	☐	☐	
2. ¿Cuándo **llego** el correo de Amalia?	☐	☐	
3. Mi hija **trabajo** dos años en Perú.	☐	☐	
4. Ahora **trabajo** en una agencia inmobiliaria.	☐	☐	

25 Completa el diálogo con los verbos en indefinido.

- Hola, Javier, ¿qué tal el fin de semana?
- Ha sido un fin de semana fantástico. Sobre todo, ayer. Ayer .... (SER) mi domingo perfecto.
- ¡Interesante! ¿Y por qué? ¿........................ (IR) a la playa?
- No, ... (QUEDARSE) en casa con mi mujer y mis hijos. .... (DORMIR) todos hasta las 10. Luego .... (LEVANTARSE), mi mujer .... (SALIR) a correr y yo .... (IR) a comprar el periódico, pan y cruasanes. .... (DESAYUNAR) todos juntos sin prisa. Yo .... (LEER) el periódico en la terraza, tomando el sol. Luego .... (NOSOTROS, INVITAR) a unos amigos a comer. Yo .... (PREPARAR) mi especialidad: paella. .... (PASAR) casi dos horas de sobremesa, simplemente hablando y tomando café. Después nuestros amigos .... (VOLVER) a casa y yo .... (DECIDIR) dormir una pequeña siesta. Como ves, nada especial, pero muy relajante. Después .... (SALIR) todos juntos a dar un paseo por la playa y al final .... (VER) una película en casa. Y tú, ¿qué .... (HACER)?

26 Panamericana: Argentina. Responde a las preguntas y, luego, comprueba tus respuestas con el texto de las páginas 142 y 143 de la Edición para estudiantes.

1. ¿Cuántos habitantes tiene la capital, Buenos Aires?

....

2. ¿Cómo se llaman los autobuses en Argentina?

....

3. ¿Qué es el Perito Moreno y dónde está?

....

4. ¿Dónde nació el famoso tango argentino?

....

5. ¿Cómo se llama uno de sus representantes más famosos?

....

6. ¿Qué es el mate? ¿Qué ritual hay para tomarlo?

....

MUNDO PROFESIONAL

27 Tu empresa ha hecho una encuesta a sus empleados/as sobre la vivienda. Escribe un informe con ayuda de los diagramas y de los cuantificadores de las etiquetas.

casi todos/as	la mayoría	muchos/as	la mitad	algunos/as	pocos/as	casi nadie	nadie

La mayoría de los/las empleados/as tiene casa propia.

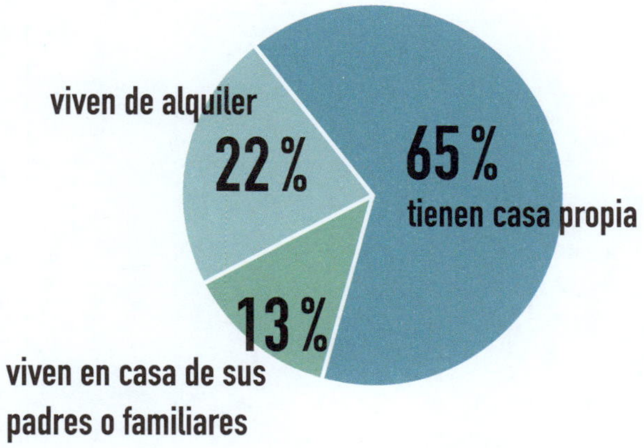

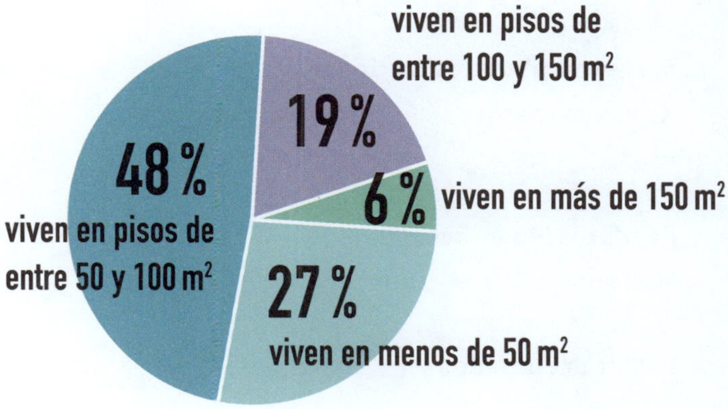

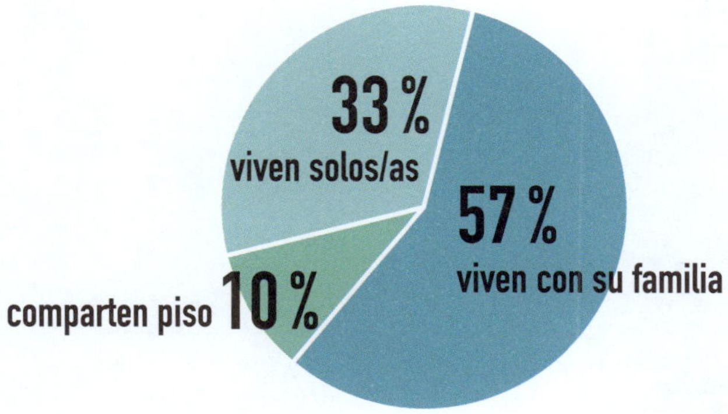

PRONUNCIAR BIEN

28 a. Acentuaciones con trampa. Lee el texto y comenta las dudas en clase.

Hay palabras españolas que se parecen mucho a las de otras lenguas, pero que tienen una acentuación diferente. Tienen distinta sílaba tónica, por ejemplo, *professor* – **profesor**, *therapy* – **terapia**, *atmosphere* – **atmósfera**. La pronunciación incorrecta de estas palabras no dificulta la comunicación, pero sí hace que lo que decimos suene menos a español.

b. 48 - Lee las frases y marca la sílaba tónica de las palabras en negrita. Luego, escucha y comprueba.

1. Me he comprado un **sofá** precioso.
2. En las vacaciones voy a **Ibiza** o **Caracas**.
3. Llamé por **teléfono** a la **farmacia** y pedí una **fotocopia** de la receta.
4. Estudiamos **Matemáticas** y **Física** en **Uruguay**.

AUTOEVALUACIÓN

YA SÉ...

YA SÉ...	👍	✋	👎
... describir un piso: Mi casa es .... El salón	▢	▢	▢
... nombrar los muebles y los electrodomésticos: la cama, ..., la lavadora, ...	▢	▢	▢
... hacer cumplidos y reaccionar: ¡Qué zapatos más ....! ¿Tú ....? Pues	▢	▢	▢
... dar datos biográficos: Nací en	▢	▢	▢
... hablar del pasado:	▢	▢	▢
... indicar el lugar de algo: Mi casa está	▢	▢	▢
... hablar de cantidades: (casi) todos/as, ...	▢	▢	▢
... conjugar los verbos regulares en indefinido: yo trabajé, ... yo viví, ...	▢	▢	▢
... conjugar ser e ir en indefinido: yo fui, ...	▢	▢	▢
... diferenciar los marcadores del indefinido y los del perfecto: indefinido: ayer, ... perfecto:	▢	▢	▢

12 MIRADOR

Unidad de repaso

1 **Lee este texto y marca la palabra correcta en cada caso.**

Mensaje nuevo

Querida Beatriz:

Ya estoy [1] Cusco ¡y es de verdad un lugar maravilloso! Desde aquí [2] hacer el Camino Inca. Yo [3] unos días antes de empezar la excursión porque es importante [4] a la altura. No he tenido problemas con el soroche y creo que [5] voy a tener problemas con los pies. Vamos a caminar mucho y subir a las montañas, con la mochila. Han dicho que va a [6] mal tiempo, pero [7] una persona optimista y me encanta vivir esta experiencia única. Ya he conocido [8] de mis compañeros de viaje y son todos [9] simpáticos.

Bueno, te escribo a la vuelta. ¡Mañana tenemos que [10] a las seis de la mañana!

Un abrazo,

Arturo

1. ☐ en ☐ a
2. ☐ voy ☐ voy a
3. ☐ llegó ☐ llegué
4. ☐ se adaptar ☐ adaptarse
5. ☐ tampoco ☐ también no
6. ☐ ser ☐ hacer
7. ☐ soy ☐ estoy
8. ☐ algunos ☐ a algunos
9. ☐ mucho ☐ muy
10. ☐ levantarnos ☐ levantarse

2 a. 49 - **Lee primero las frases y escucha cada texto dos veces. Luego marca si las frases son verdaderas (V) o falsas (F). Corrige las frases falsas.**

1. Estás escuchando un programa de radio sobre el Camino de Santiago. Escucha lo que dicen:
   ☐ El Camino Francés pasa por Bilbao.
2. Una actriz habla de sus actividades y dice:
   ☐ Los fines de semana quiere hacer muchas cosas.
3. Estás en un restaurante y quieres pedir el menú del día. Escucha lo que dice el camarero:
   ☐ No puedes pedir gazpacho hoy.
4. Una amiga se ha mudado a un piso nuevo. Escucha lo que dice:
   ☐ Todavía no ha tenido tiempo de comprar todo lo que necesita.

b. 50 - **Lee los diálogos y escucha cada texto dos veces. Luego, marca las respuestas correctas.**

1. • ¿A qué hora llega el tren?
   ▪ Pues yo creo que a las ....
   a. ☐ 10.15 b. ☐ 10.40

2. • ¿Cuántos kilómetros son?
   ▪ Unos ....
   a. ☐ 50 b. ☐ 500

3. • ¿Cómo se llama la montaña que se ve desde La Paz?
   ▪ ....
   a. ☐ Illimani b. ☐ Iyimani

4. • ¿Tú sabes en qué año llegó el chocolate a Europa?
   ▪ En .... , en el cuarto viaje de Cristóbal Colón.
   a. ☐ 1504 b. ☐ 1540

3

51 - **Lee primero las respuestas a-e y escucha las preguntas 1-4 dos veces. Luego relaciona cada pregunta con la respuesta adecuada.**

1. ☐
2. ☐
3. ☐
4. ☐

a. No sé, no las he visto.
b. Sí, buena idea.
c. A mí tampoco.
d. Yo también.
e. No, nada, gracias.

4

a. Lee los textos y luego elige un título para cada uno.

☐ Precios más bajos en Venezuela.
☐ Llega el frío.
☐ Un regalo muy original.
☐ Más comunicación, mejor información.

1

El cambio se presenta casi de la noche a la mañana: los expertos dicen que las temperaturas van a bajar esta semana de los agradables 20 ° del domingo hasta los 5 ° el jueves. Además, para hoy y para mañana se espera lluvia y un fuerte viento en casi toda la región.

2

Un grupo de estudiantes de Puebla (México) produce figuras de chocolate con un diseño prehispánico. Las figuras se venden junto con una tarjeta que lleva una frase escrita en náhuatl y su traducción al español. La idea de estos jóvenes no solo es ofrecer un producto muy especial. También quieren recordar el origen del chocolate y dar a conocer la lengua de los antiguos mexicanos.

3

El satélite Simón Bolívar cumple ocho años. Desde su instalación más de seis millones de venezolanos tienen acceso a internet. Este proyecto de cooperación entre Venezuela y China ha contribuido al desarrollo tecnológico y social del país con mejores conexiones de internet y teléfono y con programas de medicina y educación para la televisión.

b. **Lee el correo electrónico y marca si las frases son verdaderas (V) o falsas (F).**

Mensaje nuevo

Querida María Elena:

Vienes ya mañana, ¡qué bien! No sé si me has dicho a qué hora llegas, pero he olvidado decirte que salgo un poco tarde de la oficina. Como soy nueva en la empresa, no puedo salir antes de las siete. Si llegas a Madrid antes de esa hora, no pasa nada porque mi vecina tiene la llave de mi piso. Y si quieres, puedes tomar un café en la cafetería de al lado. Es un café tradicional.

¡Qué ilusión pasar algunos días juntas después de tanto tiempo! ¡Va a ser un fin de semana genial!

Nos vemos pronto.

Un abrazo,

Carmen

María Elena...

1. ☐ va a visitar a una amiga que vive en Madrid.
2. ☐ tiene un trabajo nuevo.
3. ☐ no ha visto a Carmen durante mucho tiempo.

c. **Lee las ofertas de esta escuela de idiomas de Málaga. Después, lee las preguntas y marca las respuestas adecuadas.**

1. Quieres aprender a hablar más libremente. ¿Qué curso te conviene?

   ☐ B ☐ E

2. Te encanta la literatura. ¿En qué curso puedes leer textos literarios en español?

   ☐ A ☐ D

3. Para tu trabajo necesitas conocer la actualidad política y social del país. ¿Qué curso te conviene?

   ☐ C ☐ F

SOL DE ANDALUCÍA
Escuela de idiomas

Además de nuestros cursos habituales de español, tenemos este semestre las siguientes ofertas especiales:

A. Ejercicios para practicar la pronunciación del español.
B. Debates sobre temas interesantes, juegos y muchas actividades más para mejorar la expresión oral.
C. Preparación intensiva para los exámenes oficiales DELE.
D. Ejemplos de poesía, novela y teatro para descubrir la lengua española.
E. Visitas culturales a los monumentos importantes de la ciudad y a fiestas locales.
F. Presentación de vídeos, artículos de periódico y textos que tratan sobre la historia y la situación actual de España.
G. Clases de flamenco. No se necesita ropa especial, solo zapatos adecuados.

d. **Escribe un correo electrónico a la escuela preguntando por los horarios del curso que más te interesa, el número de horas, el precio y otras dos preguntas útiles para ti.**

5 Vas a hacer un curso de español en Málaga y quieres vivir con una familia. Escribe un correo (unas 40 palabras) a la señora Sánchez , con quien vas a vivir, y habla de estos puntos. Incluye el saludo y la despedida.

- Da detalles sobre el curso.
- Pregunta por la casa de la señora Sánchez.
- Pregunta algo sobre Málaga.

6 Prepara una presentación oral sobre ti. Puedes usar esta u otra información y hacerte un esquema o un pequeño guion.

nombre | edad | origen y lugar de residencia | gustos

breve descripción de tu ciudad | idiomas que hablas | descripción física | familia

rasgos de tu personalidad | costumbres y rutina | actividades de tiempo libre | cómo es tu casa

7 En parejas. Sois los dueños de un nuevo restaurante de comida hispanoamericana llamado La Panamericana. Tenéis que diseñar la carta con un mínimo de seis platos. Tiene que ser una carta representativa de la ruta que lleva su nombre.

NOS VEMOS HOY 1

ILUSTRACIONES

Miguel Manich (studiomanich.com)

Excepto por: **U1**: p. 14 miniature/GettyImages. **U2**: p. 20 khonkangrua/AdobeStock, Elaelo/AdobeStock. **U6**: p. 55 Agència Valenciana de Turisme. **U7**: p. 63 Dariia/AdobeStock. **U8**: pp. 73, 75 Dariia/AdobeStock. **U11**: p. 94 diane555/iStockPhoto, Sepia100/AdobeStock.

FOTOGRAFÍAS

U1: p. 9 Jia Liu/GettyImages, mavoimages/AdobeStock; p. 10 Rawpixel.com/AdobeStock; p. 15 luckybusiness/AdobeStock; p. 16 Gina Pricope/GettyImages, RomoloTavani/iStockPhoto, elpo11o/AdobeStock, lanabyko/iStockPhoto, sorincolac/iStockPhoto, Esdelval/iStockPhoto, rez-art/iStockPhoto, Nataliya Hora/AdobeStock. **U2**: p. 19 orestegaspari/iStockPhoto, Prostock-studio/AdobeStock; p. 20 laflor/iStockPhoto; p. 21 fizkes/iStockPhoto; p. 22 Vasyl/AdobeStock; p. 24 BullRun/AdobeStock, Tyler Olson/AdobeStock, jacoblund/iStockPhoto, kot500/AdobeStock, PeopleImages/iStockPhoto, Kalim/AdobeStock, MStudioImages/iStockPhoto; p. 25 GeorgePeters/iStockPhoto; p. 26 piranka/iStockPhoto; p. 27 subjug/iStockPhoto. **U3**: p. 29 THPStock/AdobeStock; p. 30 Satoshi-K/iStockPhoto; p. 33 Natalia Bodrova/iStockPhoto, rusm/iStockPhoto, VisualCommunications/iStockPhoto, aluxum/iStockPhoto, IakovKalinin/iStockPhoto, Dawid Kalisinski Photography/iStockPhoto; p. 36 etorres69/iStockPhoto, Ruzanna/AdobeStock, yacobchuk/iStockPhoto, Rostislav _ Sedlacek/iStockPhoto, Natalia Kolomytseva/iStockPhoto, Sensay/iStockPhoto, andov/AdobeStock. **U4**: p. 39 Aleksandar Todorovic/AdobeStock; p. 40 AntonioDiaz/AdobeStock, Fotana/iStockPhoto, peffan/iStockPhoto. **U5**: p. 51 oida/AdobeStock; pp. 41, 42 mythja/Thinkstock; p. 41 Markus Mainka/AdobeStock; p. 42 stokkete/AdobeStock; p. 45 mbongorus/iStockPhoto, fcafotodigital/iStockPhoto, alisafarov/iStockPhoto, viennetta/iStockPhoto, Hyrma/iStockPhoto, Tim Ur/GettyImages; p. 46 grounder/AdobeStock; p. 47 Sondem/AdobeStock; p. 48 Sergio Martínez/AdobeStock; p. 49 Chaay _ tee/AdobeStock, pikselstock/AdobeStock, NDABCREATIVITY/AdobeStock, Rido/AdobeStock. **U6**: p. 52 jjfarq/AdobeStock, lenaivanova2311/AdobeStock, milosk50/AdobeStock, maylat/AdobeStock; p. 54 Gerold Grotelueschen/iStockPhoto; p. 56 jcg _ oida/AdobeStock, Cmon/AdobeStock, adisa/AdobeStock, adonis _ abril/AdobeStock, Noppasinw/AdobeStock, TTstudio/AdobeStock, ronnybas/AdobeStock, eyetronic/AdobeStock; p. 59 sukiyashi/AdobeStock, ffphoto/AdobeStock. **U7**: p. 61 Konstik/GettyImages, freepik; p. 64 AlenKadr/AdobeStock, kmiragaya/AdobeStock; p. 65 Cmon/AdobeStock; p. 66 Marcio Isensee e Sá/AdobeStock; p. 67 Ingo Bartussek/AdobeStock, zgphotography/AdobeStock, Aitor/AdobeStock, Art _ man/AdobeStock. **U8**: p. 71 Olaf Speier/AdobeStock. **U9**: p. 73 martin-dm/iStockPhoto; p. 74 Ruben Earth/GettyImages; p. 76 Jiri Hera/AdobeStock; p. 77 Hispanolistic/iStockPhoto; p. 78 naumoid/iStockPhoto, V.R.Murralinath/AdobeStock, the-lightwriter/iStockPhoto, amstockphoto/iStockPhoto, AnthonyRosenberg/iStockPhoto, mawielobob/iStockPhoto, ilkersener/iStockPhoto, FlamingPumpkin/iStockPhoto, NYS444/iStockPhoto, Carol _ Anne/iStockPhoto, happy _ author/AdobeStock, LeoPatrizi/iStockPhoto; p. 80 quintanilla/iStockPhoto. **U10**: p. 83 BalanceFormCreative/AdobeStock; p. 84 m-imagephotography/iStockPhoto, sonyakamoz/AdobeStock; p. 85 Nelea Reazanteva/AdobeStock, neirfy/AdobeStock; p. 87 Dan/AdobeStock, janvier/AdobeStock, somchaij/AdobeStock, Brad Pict/AdobeStock, unpict/AdobeStock, ARochau/AdobeStock; p. 89 Morsa Images/iStockPhoto, pic3d/AdobeStock; p. 90 baibaz/AdobeStock, wastesoul/iStockPhoto; p. 91 boschettophotography/iStockPhoto. **U11**: p. 93 Valeriy/AdobeStock, mihalis _ a/iStockPhoto; p. 96 JackF/AdobeStock; p. 99 ah _ fotobox/iStockPhoto, percds/iStockPhoto, Rudimencial/iStockPhoto. **U12**: p. 103 Byelikova _ oksana/iStockPhoto; p. 104 twobee/AdobeStock; p. 105 Roberto Sorin/AdobeStock; p. 106 Jia Liu/GettyImages.